쉼 없는 열정

나라, 신앙, 교육을 향한 김필례의 삶

쉼 없는 열정

이정숙 지음

들어가는 글

저는 1963년에 정신여중에 입학해서 1969년에 정신여고를
졸업했습니다. 김필례 선생님이 이사장으로 계실 때였는데
제 기억에는 교장선생님이셨던 것 같은, 그 존재가 크기만
했을 뿐 선생님에 대해 아는 건 별로 없는 무심한 졸업생 중
한 명이었습니다. 대학에서 현대소설을 전공하면서 34년 동
안 작가론을 강의했고 관련 논문을 오십여 편 썼다는 거 하
나 믿고 덥석 평전을 쓰기로 했습니다.

김필례 선생님은 우리 모두 훌륭한 분이라고 압니다. 그런데
아는 사람만 알지요, 모르는 사람이 더 많습니다. 우리 정신
학교는 대체로 좋은 것을 알리는 데 좀 소극적인 것 같습니
다. 현대가 PR 시대라 피할 건 피하고 알릴 건 알려야 한다
는 절묘한 한국어 해석도 이제는 한물간 고어 같기만 한데,
우리 학교는 알릴 것까지 피하는 성향이 있어 그게 어떤 면
에서는 미덕처럼 여겨지기도 했지요. 평전을 쓰면서, 선생님
이 살아오신 길을 따라 밟으며 감탄을 거듭하면서 선생님을
알리고 싶은 마음이 더욱 커졌습니다. 선생님은 지금으로부

터 100년도 더 전에 일본(1908~1916)과 미국(1925.1~1927)에서 공부하신 신여성입니다. 대단히 예외적인 능력도 타고나셨고 주변에서 혜택도 많이 받았는데 그럴수록 겸손하셨지요. 자신에 대해 지나칠 정도로 엄격하셔서 젊어서부터 나라 사랑과 애국 운동을 하며, 신앙적으로는 굳건한 기독교인의 자세로 학교와 사회, 나라를 위해 맡은 일을 철저하게 해나가셨습니다. 이렇게 몇 줄로 담아 내려니 너무 평범한 느낌이 들어 아쉽기만 합니다.

김필례 선생님의 평전을 쓰면서 두 가지에 주안점을 두었습니다. 우선, 김필례 선생님을, 그 삶을, 교회와 한정된 학교를 넘어서 보다 일반인들에게 대중적으로 알리는 기회가 되면 좋겠다고 의견을 모았습니다. 우리가 교회 관련 출판사를 택하지 않고 여러 어려움이 있었음에도 굳이 열화당을 택한 것도 신뢰받는 출판사에서 알차게 만들어 그 폭을 확장시키자는 것이었습니다. 그런데 『김필례, 그를 읽고 기억하다』(열화당, 2019)는 선생님의 삶을 다룬 평전과 함께 선생님에 관한 자료와 저술, 다른 기록들과 합쳐지면서 방대한 두께의 책이 되었습니다. 선생님에 대한 자료 정리 차원에서 꼭 거쳐야 할 과정이었지만 결과적으로는 선생님을 대중적으로 알리는 기회의 확장 면에서 아쉬운 점이 많았습니다. 어리고 젊은 학생들이 쉽게 다가가기가 더 어려워진 셈이었지요.

다음, 사실 확인 즉 fact check를 할 수 있는 데까지 해보자는 것이었습니다. 『정신 75년사』, 『정신 백년사』, 이기서 선생님이 쓰신 김필례 구술 전기인 『교육의 길, 신앙의 길』 등이 이미 나왔고 그 책들은 각각 나온 시기에 최선을 다해 냈습니다만, 여러 가지 오류도 많고 대상 시기가 100여 년 전이라 사실 확인도 어려울 수밖에 없었습니다. 무엇보다도 그 시기에는 인터넷도 없었고, 모든 자료를 발로 뛰어 얻어야 했던 만큼 자료 찾기가 한정적일 수밖에 없었습니다. 그러나 지금은 21세기도 벌써 20년이 넘어 자료 탐색이나 확인이 가능한 시대입니다. 그 시절과는 완전히 다른 시대이지요. 그런 시대에 살면서 계속 잘못된 사실을 고치지 않는다는 것은 우리들 자존심의 문제이기도 하고, 또 방대한 책─700쪽이 넘습니다─을 내는 의미와도 어긋나는 것이지요.

그러나 쉬운 만큼 또 다른 쉽지 않은 문제들이 많았습니다. 무엇보다도 자료의 범람으로 진위를 가리기가 쉽지 않다는 것입니다. 자료 자체의 참이냐 거짓이냐의 문제와 함께 시대가 100년도 더 넘어 저쪽의 일이니만큼 정말 믿을 만한 자료인지 의심스러운 것도 있고, 또 그게 아무리 기록이라 해도 사람마다 기억에 따라 내용이 달라지기도 해서 기록과 기억 사이에서 편집위원들의 고민이 깊어 갔습니다. 그렇지만 무게 중심은 기록된 자료일 수밖에요. 그런데 그 자료도 기억의 불투명성뿐 아니라, 상황에 따라 자료가 대치될 때가 수시로 있어, 우선을 두는 기준을 정해 그 과정을 각주로 밝혀야만 했습니다. 그래서 지난번에 발간한 평전은 각주가 좀 많은 편이었지요. 하지만 이번 개정판에서는 각주를 모아 뒤에 참고문헌으로 정리하고, 중요하거나 이해를 돕는 설명이 필요한 부분만 본문 아래 넣었습니다.

평전을 쓰면서 특히 어린 친구들이 읽으며 어떤 삶의 지혜를 얻거나 깨닫는 즐거움을 얻으면 좋겠다는 바람이 컸던 만큼 제대로, 잘 써야 한다는 부담이 컸습니다. 그 과정에서 근대사를 전공하는 후배 편집위원들, 그리고 학교 사정과 역사에 밝은 선후배님들의 도움이 매우 컸습니다. 전집을 발간하면서 함께한 편집위원들은 선생님의 삶을 이해하고 감동하는 폭이 남달랐지요.

이번에 처음 의도했던 평전만 따로 단행본으로 출간하게 된 것은 현 김진란 회장님의 의지에 힘입은 바 큽니다. 이 책에서는 각 장의 시작 부분에 그분들이 강조하는 선생님에 대한 짧은 단상을 넣었습니다. 독자들이 생각을 정리하는 데 도움이 되기를 바라는 마음입니다.

평전의 제목인 '쉼 없는 열정'은 1920년대부터 1950년대까지, 특히 1920년대에 YWCA 창립과 여전도회를 만드는 과정에서 광주에서의 야학 운영, 수피아여학교·정신여학교 근무, 미국 유학, 번역 등 숨이 찰 정도로 많은 일을 하신 부분에서 자연스레 싹트다가, 해방 후 학교 재건 과정과 한국전쟁 중 국내 및 미국에서의 활동을 쓰면서 결정적으로 붙이게 되었습니다. 선생님은 그 과정에서도 배운 여성으로서 가정생활을 더 완벽하게 하려고 애쓰셨고요. 그 어느 한 시기 쉬어 가는 때도 없이 거의 동시에 많은 일을 하신 걸 보며 보기에도 숨이 차서 붙이게 된 제목입니다.

제가 평전을 쓰면서 선생님께 배운 소중한 덕목은 '이타적 가치관, 선공후사의 삶, 절제와 자기 관리'입니다. 우리는 대개 이기와 이타의 경계에서 잠시 머뭇거리다 슬쩍 이기적인 결정을 하곤 합니다. 또 나 개인의 이익을 공적인 것보다 우선 순위에 놓기 일쑤입니다. 조금 성공했다 싶을 때 그게 자기가 잘나서 성공한 줄 알고 우쭐하다가 절제와 자기 관리를 소홀히 하게 됩니다. 그러다가 한때는 부러움의 대상이었던 사람들이 나락에 떨어져 몰락의 길로 가는 것을 오늘도 신문을 통해, 인터넷을 통해 숱하게 보고 있습니다. 어려서, 젊어서 이런 덕목들을 완전히 체득하기는 어렵지만, 마음속에 남아 있으면 시대와 공간을 넘어서 결정적일 때 자기를 지켜 주는 말들이 될 거라고 믿습니다. 살아가면서 큰 방향에서 크게 어긋나지는 않게 된다고 생각합니다.

김필례 선생님과 2년 정도 함께 지내면서 깨닫게 된 것은, 제가 그나마 제자리를 지키면서 살아올 수 있었던 것이 바로 우리 정신학교에서 선생님에게 알게 모르게 배운 가르침 덕분이었다는 것입니다. 그 가르침을 새삼 절감하면서 커다란 감사의 마음이 읽는 이들에게 조금이라도 전해지기를 바랍니다.

2024년 7월
이정숙

차
례

1

김필례를
생각하며

김필례(金弼禮, 1891-1983)

김필례 선생님의 뜻과 열정,
그리고 참된 희생으로 이어진 일생이
가감 없이 온전하게 우리 후손들에게
전달되기를 바라는 마음입니다.

– 정혜순 –
(정신여자고등학교 1967년 졸업,
김필례선생기념사업회 제4대 회장,
전 정신여자중학교 교장)

김필례. 1960년경.

우리는 YWCA라고 부르는 한국기독교여자청년회의Young Women's Christian Association와 대한예수교장로회 여전도회전국연합회 그리고 정신여자중·고등학교와 서울여자대학교 같은 여성 교육기관에 대해서는 익숙하게 들어 왔을 것이다. 그런데 이 기관과 학교를 이끌었던 김필례라는 인물에 대해서는 모르는 사람이 많다. 그의 삶과 공적이 그 무게에 비해 잘 알려지지 않았던 이유는 무엇일까? 아마도 생전에 드러내지 않고 봉사하고자 했던 그 성품에서 우선 기인했을 것이다.

김필례는 교육이 나라를 위하는 길이라 믿고 이들 단체를 만들기 위해 그 터를 다졌으며, 안 되는 일들은 부딪쳐 가며 되게 만들었다. 이들 단체와 교육기관들의 기초 마련과 성장에는 김필례의 땀과 헌신, 간절한 기도가 있었다. 이를 바탕으로 주변의 인연에게 도움을 받으며 뿌리를 내렸고, 꽃을 피우고 열매를 맺을 수 있었다.

김필례金弼禮, 1891~1983는 황해도 소래마을에서 자란 어린 시절, 소래교회를 다니면서 소래학교에서 기본 교육을 받았다. 교회에서 서양 선교사들과 자연스럽게 교류하고, 학교에서 신식 교육을 받으며 자란 것이다. 1890년대 당시 일반 사람들이 쉽게 접하기 어려운 기독교 신앙과 서양의 교육은 김필례의 삶에 중요한 지침이 된다.

김필례의 구술을 바탕으로 쓴 전기*에 제목으로 '교육의 길, 신앙의 길'을 드러낸 것은 그만큼 김필례의 삶을 압축해서 강조한 것이다. 여기에 개화기와 일제강점기라는 시대는 김필례가 살아가면서 일관되게 나라와 민족을 우선 생각하게 하는 환경을 조성한다. 조선에서 대한제국으로, 이어서 한일 강제병합과 일제강점기 시대를 거치면서 나라와 민족을 우선하고 중시하는 가정의 분위기와 시대적 사명감 속에서 나라 사랑, 기독교 신앙, 교육은 평생의 신념이 되었다.

김필례는 집안이나 주변의 결혼한 여자들의 순종적인 삶과 조지아나 화이팅Georgiana Whiting 같은 서양 선교사의 대우받는 삶을 보면서 공부를 통해 여자로서의 멍에를 벗어 버리기를 갈망했다. 어려서의 다짐은 평생 소신으로 이어져서

---

* 이기서, 『교육의 길 신앙의 길 : 김필례 그 사랑과 실천』, 태광문화사, 1988; 북산책, 2012(재발간). 이 책은 1977년 김필례의 구술 회고담을 직접 녹음해 이를 바탕으로 이기서 교수가 정리한 것으로, 1983년 김필례 선생 작고 후 오년 만인 1988년 출간되었다. 이후 절판되었다가 2012년 재발간되었는데, 이 글을 쓰면서 많은 부분을 참고했다.

많은 책을 읽고 많은 지식을 받아들이며 배우고 또 배웠다. 정신여학교貞信女學校 졸업 후 스스로 길을 열어 1908년부터 일본 동경에서 8년간 유학을 했고, 결혼 후 미국 남장로교의 후원으로 1924년 말에 미국으로 유학을 가서 1927년에 석사학위까지 받고 돌아온다. 한국 근대사에서 드물게 일본과 미국 유학을 다녀온, 선택받은 매우 예외적인 여성이었다.

  그런데 이런 기회가 저절로 찾아온 것은 아니고 스스로 간절하게 궁리하고 노력하여 기회를 만들고, 그 기회를 통해 자신의 능력을 발휘했다. 혹여 기회가 오더라도 미리 준비가 되어 있지 않아 놓치는 경우도 많은데, 김필례는 그 기회를 스스로 준비했을 뿐 아니라, 주변에서도 만들어 주고 추천할 정도로 이미 자격과 능력을 갖추고 있었다. 물론 누구보다도 간절하게 원하고 노력해도 뜻을 이루지 못하는 사람도 참 많다. 아무리 노력해도 안 되어서 시대가 도와주지 않는다고 원망하기도 하고 운이 안 따른다고 체념하기도 하지만, 우리는 또 "하늘은 스스로 돕는 자를 돕는다"는 말에 절실하게 공감하기도 한다.

  일본 유학 중에 식민지 국민으로서 지켰던 자존감과 자기 수련, YWCA 창립 과정에서 보여 준 나라 사랑의 기본 자세와 적극적 실천, 살아가면서 다져진 인연과 인맥의 도움, 해방 후 광주에서의 봉사와 계몽의 삶, 무엇보다도 선공후사先公後私의 정신과 이타적 실천으로 이겨 낸, 육이오 전쟁 후 정신여학교와 여전도회 재건 과정 등을 보면서, 오늘의 우리가 배워야 할 그 무엇을 진지하게 생각하게 된다.

김필례는 누구보다 절제와 자기관리에 투철하고, 이기적 욕구 실현이나 명예 추구보다는 이타적 가치를 추구했다. 살아왔던 시기에 따라 일제강점기에는 나라를 우선하고, 해방과 육이오전쟁을 겪으면서 학교와 사회를 우선하는 실천적 삶을 살았다. 시대를 앞서가면서도 당대 사회가 요구하는 도덕적 기준을 넘어서거나 도외시하지 않았다. 특히 가정생활에서 아내나 며느리로서의 역할을 소홀히 하지 않는 기본 자세를 지켜 왔다. 개인적으로는 보수적 전통을 지키고 이타적 가치를 우선하면서 실천은 도전적이고 진취적이었다. 김필례는 당시 여성의 역할에 대해 진지하게 생각하면서 배움을 강조했다. 그래서 정신여학교, 수피아여학교, 서울여대 같은 교육기관을 위하여 헌신했고, 또 배운 만큼 달라야 한다고 믿고, 아는 대로 실천했다. 또 신앙에 대해서도 믿는 만큼 달라야 한다고 강조했다. 배운 만큼, 믿는 만큼 달라야 한다는 소신은 여성으로서의 마땅한 도리도 다해야 하고 가정에서는 정숙하고 사회에서는 활달한 여성이어야 하며, 무엇보다도 후세에 부끄럽지 않은 사람이어야 한다는 것이다.

그런 '완벽주의자'의 삶은 '고단한 삶'의 여정을 수반했다. 인생이 뜻한 대로 살아지는 것도 아니고, 예상치 못했던 일도 닥쳐오기 마련이다. 삶의 도정에서 장애물을 만나기도

하고 인간적 배신으로, 또 가정적으로 여러 면에서 힘에 겨운 일도 많았다. 민족이 겪어야 했던 공동의 시련과 함께 개인적으로 맞닥뜨리게 되었던 많은 일들 속에서 김필례는 "인간이 자신의 약함을 절실히 느낄 때 하나님께서 가장 강하게 하시고, 또 강하게 만든 그에게서 가장 큰일을 성취하신다"고 굳게 믿으며 부딪치고 좌절하고 절망하다가도 끝내는 이겨 내거나 어려움 속에서 승화시키며 구십여 년을 살아 냈다.

2

김필례의
성장기

선생님은 "한 알의 밀이 땅에 떨어져 죽지 아니하면
한 알 그대로 있고 죽으면 많은 열매를 맺느니라"
(요한복음 12장 24절)를 평생 붙잡고 의지하시면서
"믿는 만큼 달라야 하고, 배운 만큼 달라야 한다"는
말씀을 강조·실천하셨습니다.

– 이송죽 –
(정신여자고등학교 1971년 졸업,
정신여자중·고등학교 총동문회장(2013~2016))

출생과 어린 시절

　　김필례가 태어난 19세기 말 조선은 참으로 어려운 시절이었다. 대외적으로는 1876년 개항 이후 일본, 러시아, 청나라 등이 호시탐탐 노리고 있는 형국이었고 대내적으로는 개화파와 위정척사파의 대립, 친러 세력과 친일 세력의 다툼 등으로 한시도 평안함을 누릴 수 없는 시기, 우리나라 근대사 중에서 가장 사건도 많았고 변화도 많았던 시기였다.

　예컨대 1894년에 일어난 청일전쟁淸日戰爭은 시작이 어쨌든 중국(청)과 일본이 조선의 지배권을 놓고 다툰 전쟁인데 전쟁이 우리 땅에서 일어난 만큼 그 피해도 우리가 당해야 했고, 1904년 일어난 러일전쟁은 만주와 조선의 지배권을 두고 러시아와 일본이 벌인 전쟁으로, 우리나라의 운명을 좌우하는 데 우리는 그 어떤 목소리를 낼 여지도 없었다. 아무런 힘도 없었고, 나라 자체가 밖으로도 제대로 알려져 있지 않았던 어려운 때였다.

세계적으로 제국주의의 야욕이 팽배해 있던 19세기 후반, 조선에 종교·의료·교육 등에 새로운 문화를 소개해 준 사람들은 개항 이후 찾아온 미국을 비롯한 서양의 선교사들이었다. 1882년 조선 정부와 미국 간에 조미수호통상조약이 체결되면서 미국 선교사들의 선교 활동이 본격적으로 시작되었다. 1884년 미국 북장로교의 알렌Horace Newton Allen, 1858~1932이 의사 자격으로 입국했고, 1885년 미국 북장로교의 언더우드Horace Grant Underwood, 1859~1916, 북감리교 선교사 스크랜턴 대부인Mary F. Scranton, 1832~1909과 아들 스크랜턴 부부, 아펜젤러Henry Gerhard Appenzeller, 1858~1902, 1886년 미국 북장로교 선교사인 애니 엘러스Annie Ellers, 1860~1938가 입국하면서 선교 활동을 위한 신식 학교가 시작된다. 즉 개항과 더불어 은둔의 나라, 조용한 아침의 나라 조선에 미국 선교사들이 들어오면서 기독교와 의료사업, 교육 등 서구 문화가 도입, 소개되었던 것이다.

1893년 미국 시카고에서 열린 '만국박람회'에서 조선을 소개하는 아래의 글을 보면 이미 두 나라 간에 무역이 시작된 지 십여 년 지난 후인데도 매우 낯선 나라, 중국과 일본에 비해 가장 미개한 나라로 인식되고 있음이 드러난다.

Korea와 Corea는 둘 다 틀리지 않지만 Korea로 써 주기 바란다. 조선은 중국의 일부가 아니라 독립 국가이다. 조선인은 중국어를 사용하지 않으며 조선어는 중국어나 일본어와 다르다. 조선은 미국과 1882년에 조약을 맺었다. 여기 전시된 모든 물건은 정부의 물건들이다. 조선은 전기를 쓰고 있고 증기선, 전보를 사용하지만 아직 철도는 없다. 조선인들은 기와로 만든 지붕과 따뜻하게 데워지는 마루가 있는 편안한 집에서 생활한다. 조선의 문명은 오래되었다. 면적은 십만 평방마일이고 인구는 천육백만이며 기후는 시카고와 비슷하다. 지리적 환경은 산이 많고 광산물은 아직 덜 개발되었으며 쌀, 콩, 밀 등의 농산물들이 많다.

위의 글은 박람회 한국관의 한 담당자가 관람객들의 중복되는 질문에 지쳐 한반도와 주변국이 그려진 지도 귀퉁이에 적어 놓은 내용이다. 이를 통해 당시 조선의 상황 및 국제사회의 조선에 대한 이해의 정도를 대략이나마 유추해 볼 수 있다.

이때는 제국주의 열강이 호시탐탐 기회를 노리고 있는데 나라 자체는 무력할 때였다. 백성들의 삶은 힘들 수밖에 없는 만큼 민초들은 시대의 흐름에 순응하게 되고, 나름대로 등 따습고 배부른 사람들 가운데에는 여전히 조선 왕조의 전통을 계승하고자 했던 사람들도 있었지만 시대의 흐름에 발빠르게 적응하며 개화 쪽에 발을 내딛는 사람들도 있었다. 신구 가치관이 갈등하며 변화를 위해 몸부림치던 격동

기였다.

　김필례는 1891년 12월 19일 황해도 장연 소래마을에서 아버지 김성섬金聖蟾과 어머니 안성은安聖恩 사이의 아홉 남매* 중 막내로 태어났다. 김필례의 집안은 전통적으로 만석꾼이어서 여유가 있는 양반 가문이었으며, 기독교를 빨리 받아들여 개화한 집안이었다. 또 학문과 인품으로도 존경받는 집안이어서 김필례는 성장 과정에서 가족과 마을에 대한 책임감을 자연스럽게 체득하며 자랐다. 이러한 자각과 책임감은 특히 일제의 침략이 가시화되고 현실화되는 상황에서 자연스럽게 조국과 민족에 대한 소명으로 확대되었다.

　김성섬은 황해도에서 손꼽히는 거부였는데, 집안에 가문을 빛낼 자식이 나오기를 간절하게 바랐다. 그 시절에는 과거 급제가 가장 큰 영광이었는데, 셋째 아들 윤렬允烈이 공부도 잘하고 똑똑한 데다 인물도 출중하여 그 아버지의 소망을 이룰 가능성이 가장 컸다. 윤렬은 아버지의 열망대로 과거시험에서 장원(진사)급제의 영광을 안았으나 귀향하는 도중에 장티푸스에 걸려 여관에서 그만 사망했다. 김성섬은 이 일로 화병을 얻어 자리보전하다가 필례가 태어난 지 두 달 만에 세상을 뜨고 말았다. 가문의 영광을 한몸에 지닌 오빠의

---

*　광산 김씨 김성섬은 첫째 부인 현풍 곽씨(玄風郭氏)와의 사이에서 윤방, 윤오, 윤렬 (딸은 출생 후 사망) 세 아들을 낳았고 사별 후 후취로 들어온 안성은과의 사이에서 필순, 인순 두 아들과 구례, 노득, 순애, 필례 네 명의 딸을 낳아 슬하에 아홉 남매를 두었다.

갑작스러운 죽음으로 인해 필례는 출생 후 아버지의 관심을 별로 받아 보지 못했고, 필례라는 이름도 해를 넘기고 한참 후에야 얻었다. 이 집안에 죽음이 연이어 다가오는데 가문의 장자인 김윤방은 슬하에 세 딸 함라, 미렴, 마리아를 남겨둔 채 서른네 살의 젊은 나이로 갑자기 병사(1894)하였다. 집안의 가족들은 윤렬의 객사, 아버지의 병사에 이어 장자의 급사까지 당하자 황망하지 않을 수 없었다.

안성은은 김성섭의 후취로, 둘째 아들인 김윤오는 열 살 전후에 새어머니 안성은을 맞게 되는데 이 새어머니의 첫아들이 김필순이고 막내딸이 김필례이다. 필순은 열여섯 살에 아버지가 사망한 후 열두 살 연상인 이복형 김윤오를 친형처럼 의지하며 많은 일을 하게 된다. 어머니 안성은은 1893년에 열일곱 살 된 아들 필순을 선교사 언더우드의 권유로 서울로 유학을 보냈다. 한국 최초의 장로교 선교사인 언더우드는 입국한 이듬해인 1886년부터 소래마을에 와 김씨댁에 머무르기도 하면서 어머니 안씨에게 필순을 책임지고 공부시키겠다고 하여 허락받았던 터였다. 김필순은 배재학당을 거쳐 1899년 제중원에 들어가 의학을 공부하여 1908년 세브란스 제1회 졸업생 의사가 된다.

한편, 졸지에 장자 책임을 떠안은 김윤오는 형의 가족들과 동생들을 보살펴야 했다. 김윤오는 당시 향장으로서 마을 사람들의 신임을 받았고, 개방적이고 진취적인 성품을 지녀 기독교와 새로운 문물을 수용하는 데도 적극적이어서 가족들은 물론 소래마을을 짧은 시간에 기독교 마을로 바꾸었다. 광산 김씨의 집성촌 마을인 만큼 그 영향력 하에서 교인이 된 마을 사람들은 힘을 합쳐 자력으로 1895년 우리나라 최초의 민족주의적 개신교 교회인 소래교회를 세웠고 교회 부설 신식 학교 '금세金世학교'*, 일명 소래학교도 세워 자신의 자녀들과 조카딸들과 동생들이 신교육을 받게 했다. 필례는 언니인 순애와 조카 미렴, 마리아 등과 함께 색동 바지 저고리의 남복男服 차림으로 보교에 실려 다니며 한글, 한문, 역사, 산수, 성경 등을 배웠다.

언더우드는 소래교회에 와서 보고 자신은 "씨를 뿌리러 온 것이 아니라 추수하러 왔다"는 유명한 말을 남겼는데, 실제로 교인들이 선교사들에 의해 전도받은 것이 아니고, 우리나라 최초의 개신교도인 서상륜이 전도한 것이었다. 이렇게 이 집안은 일찍이 예수를 받아들여 모두 우리나라 초창기의 예수교인이 되었으나 어머니 안성은은 처음에는 가통을 지키려는 책임감으로 인해 예수를 믿지 않았다.

그런 가운데 배재학당을 다니던 필순이 어느 여름방학에 집에 와서 어린 동생 필례에게 시렁 위에 얹힌 오래된 고리

---

* 일반적으로 '김세(金世)학교'로 여러 자료에 쓰여 있다. 이 학교는 캐나다 선교사 윌리엄 매켄지(William J. McKenzie)에 의해 본격적으로 발전했는데, 학교 이름을 매켄지의 한국명 금세(金世)를 따서 붙인 만큼 '금세학교'로 쓰도록 한다.

왼쪽부터 오빠 김필순, 언니 김순애, 어머니 안성은, 김필례, 뒤에 서
있는 이는 김필순의 아내 정경순. 1890년대 중반.

짝에 있던 선조들의 관복을 꺼내 입어 보게 하더니 함께 가
문 대대로 신주처럼 모셔 온 그 관복들을 모두 마당에서 불
살라 버렸다. 이것은 당시로서는 최고의 전통적 가치였던 양
반적 지체와 질서를 불태워 버린 엄청난 일이었다. 필례의
어머니는 사랑하는 아들과 딸이 저지른 이 기막힌 사실 앞에
서 망연자실하여 몸져누웠다. 그러나 이 일로 어머니 안 씨
는 새로운 가치와 질서를 받아들일 용기를 내게 되는데, 그
는 조상에 의지하기보다는 예수에 의지하는 것이 가치 있다
고 생각하고 예수교인이 되었다. 이후 겨울마다 전도 여행을
다니며 예수 복음을 전도하는 열성적 교인이 되었는데, 어머
니 안 씨는 개신교 초기에 열성적인 전도부인으로 황해도 일
대에서는 모르는 이가 없을 정도였다.

김필례는 소래학교 시절을 회상하며 후에 "이 학교에서
처음으로 교육다운 교육을 받을 수 있었고 뒷날 서울에 올
라와 연동여학교蓮洞女學校를 다닐 때에도 이 학교에서 배운
공부가 큰 보탬이 되었다"고 회고한 것으로 보아, 교육 내용
도 상당 수준이었을 것으로 추정하고 있다.

이렇게 어린 시절, 성리학적 예절을 중시했던 양반 가문
에서 가정 밖의 공간인 신식 학교를 다닐 만큼 개방적인 가
정 환경과 기독교적 분위기에서 남녀 차별 없이 교육받으면

서 자란 김필례는 서울의 정신여학교*에 1903년 열두 살에 입학하여 1907년에 졸업한다. 학교를 다니면서 신앙과 함께 나라와 민족에 대한 생각도 함께 자라게 되는데, 그 과정에서 오빠들에게서 받은 영향이 대단히 컸다.

김필례의 집안에서는 다섯 명의 오빠 중 둘째 오빠 김윤오와 넷째 오빠 김필순만이 생존하는데, 김윤오는 서울로 온 후 서울역 세브란스병원 앞에 동생 필순과 세운 '김형제 상회'를 거점으로 1906년 10월 평안도·황해도 인사들을 중심으로 서울에서 조직되었던 애국계몽단체 '서우학회西友學會'를 창립하여 이끌면서 김씨 가문의 대들보 역할을 하고, 나라가 백척간두의 어려운 지경에 처해 있을 때 항일구국 활동을 한다. 김필순 또한 세브란스병원에서 양의사로 일하다 '105인 사건'에 연루되어 북만주로 망명, 이상촌을 이루며 독립운동에 헌신하다가 의사로 위장한 일본군 특무대에게 독살당한다. 이런 집안**을 배경으로 자연스럽게 언니들과

---

* 정신여학교는 처음 정동여학당(1887년, 정동 소재), 연동여학교(蓮洞女學校, 1895년, 종로구 연지동 소재)를 거쳐 정신여학교(1909년)로 교명이 학교 소재 위치에 따라, 또 당시 교육법에 따라 세 차례 바뀐다. 본문에서는 내용 전달에 큰 무리가 없는 한, 정신여학교로 통일해서 쓰도록 한다.

** 필순의 집에 드나들며 조국과 민족의 장래를 위한 일들을 도모한 이들 가운데 최광옥(백낙준 박사의 장인이며 최이권의 부친), 유동렬(상해임시정부 요인), 이갑(임시정부 요인), 이동휘(임시정부 요인), 노백린(독립군 장군), 안창호(임시정부 대표), 김규식(고모 순애의 남편, 파리강화회의 한국대표, 임시정부 부주석), 서병호(큰고모 구례의 남편, 신한청년당수, 경신학교 교장, 임시정부 요인) 등이 있었다.

조카인 김마리아의 자매들과 신앙을 키우고 근대 교육을 접하면서 김필례는 전통적 여성의 삶보다는 새 사회가 요구하는 능력 있는 독립적 삶의 가치를 알게 되었다.

어린 시절 교회학교의 이국보 선생은 어린 필례를 장차 이 나라의 미래를 이끌어 갈 인물로 보았다. 그리하여 그녀의 어머니에게 "이 아이는 장차 큰 인물이 될 것이니 음식 바느질 등을 애써 가르치려 하지 말고 이 아이가 장차 해야 할 일을 하도록 시간을 주십시오"라고 했다고 한다. 이국보 선생의 판단대로 김필례는 여성 교육의 선구자로서 교육 기회를 갖지 못한 부녀들을 이끌어 가르쳤고, 또한 여성들도 국제 사회의 일원으로서 활동하고 살아야 한다는 큰 뜻을 품고 후에 YWCA를 창립하기에 이른다.

정신여학교(연동여학교) 재학 시절

정신여학교 설립자인 애니 엘러스는 미국 북장로교 본부에서 파견된 여성 의료선교사로, 1886년 6월 서울에 왔다. 애니 엘러스는 선교사 알렌이 살던 정동(지금의 중명전)에 거처를 정한다. 알렌이 1884년 9월에 미국 공사관 공의公醫의 직함으로 입국하여 거주하기 시작한 곳이 미국 공사관과 벽을 같이 사용하는 바로 이웃집이었는데, 알렌은 공사관과 붙어 있는 곳이라 치안 등 안전이 보장되어 좋고, 남쪽을 향한 언덕 위에 있으면서 도시의 주요 도로에 인접해 있고 왕궁과의 거리도 가까워 여러 면에서 최적의 조건이라 여겼다. 미국 공사관 측 역시 미국 의사가 담을 끼고 살게 되니 서로에게 좋은 장소였다.

알렌은 1884년 9월 22일 가을이 중턱으로 들어설 무렵에 중국에 있다가 조선에 왔다. 1884년 12월 4일 겨울 초입에 우정국(당시 위치는 지금의 안국동) 개국 축하연에서 갑신정변甲申政變이 일어났는데, 개화를 이룩하여 조선 민중의 삶에 희망

이 되겠다던 김옥균, 박영효, 홍영식, 서광범, 서재필, 윤웅열 등 소장파가 일으킨 혁명이었다. 그러나 혁명은 삼일천하로 끝나고, 급진 개화파를 압박하며 권력을 유지하고자 했던 민비(명성황후)의 척족戚族 중 민영익은 정변의 와중에 칼에 찔려 사경을 헤매고 있었다. 여러 곳의 자상刺傷에다 동맥이 끊긴 절망적 상황이었는데, 알렌이 서양식 의술로 수술을 감행하여 기적적으로 회생하게 되었다. 명성황후의 친정 조카인 민영익을 살려낸 알렌은 왕실의 시의가 되었고, 십만 냥을 하사*받는다.

병원 설립까지 허가받으면서 알렌은 조선 민중의 질병을 치료할 의료원을 개화파의 일원인 홍영식의 몰수된 집에 세우게 되는데, 이렇게 해서 생긴 광혜원(직후 제중원濟衆院으로 개칭)은 우리나라에 개설된 첫 서구식 병원이었다. 알렌은 왕족을 치료하면서 고종의 어머니를 진료하기도 했는데, 환자가 커튼 뒤에 가려져 있어서 그 모습은커녕 밖으로 내민 팔목만 볼 수 있었다. 그나마 그가 맥을 짚어야 할 부분 외에는 손 전체가 붕대로 감겨 있었다. 봉건적인 조선 사회에서 남자 의사가 여자 환자를 진료하는 것이 무척 어렵다는 것을 경험한 알렌은 여성을 진료할 여의사의 필요성을 절감하고 미국 선교본부에 여의사 파송을 요청하였다. 그러나 미국 북장로교

---

* 알렌이 받은 사례금 십만 냥은 생명을 구한 민영익이 현금으로 준 게 아니라 광산 이권과 연결되어 결국 운산 금광권이 미국으로 넘어가게 됐다고 한다.

선교본부가 위험하고 낯선 조선으로 파견할 여의사를 구하는 게 쉬운 문제는 아니었다.

1886년 6월 미국 북장로교 본부가 파견한 여성 의료선교사 애니 엘러스는 사실 페르시아 선교를 준비하고 있었는데, 조선으로부터 계속해서 여의사 파송을 요청받던 미 북장로교 선교부가 거듭 부탁하면서 거절과 망설임 끝에 마침내 조선으로 오게 된 터였다. 그녀는 제중원에서 의료 활동을 하던 1887년 '정네'라는 다섯 살짜리 여자아이를 데려와 정동 사택에서 기르면서 정동여학당(정신여학교)을 개설하는데, 이렇게 의료선교와 교육선교가 거의 동시에 시작된다. 이곳에서 선교사 릴리어스 호튼Lillias S. Horton, 메리 헤이든Mary Hayden 등이 이어서 살게 되지만, 고종이 1896년 2월 아관파천俄館播遷 이후 1897년 덕수궁으로 들어가면서 주위의 집들을 사들여 확장되는 과정에서 이 집도 덕수궁에 포함되어 정신여학교는 그 직전인 1895년에 당시 북장로교 선교사들이 많이 모여 살고 있던 연지동으로 옮기게 된다. 정신여학교가 옮겨간 후 이 집이 헐리면서 처음에는 수옥헌漱玉軒이라는 왕실 도서관이 되었는데, 1904년 덕수궁 대화재로 고종이 수옥헌에서 생활하게 되면서 중명전으로 이름이 바뀌었다. 당시 아펜젤러, 스크랜턴 같은 감리교 쪽 선교사들은 정동 미국 공사관 건너편 언덕, 지금의 이화여고 자리에 살면서 이화학당을 시작하고 있었다. 덕수궁 중명전과 길 하나를 사이에 두고 있어 덕수궁 확장 시에도 영향을 받지 않아 지금도 이화여고는 정동 그 자리에 그대로 있다.

당시 제중원에는 남자 의사밖에 없었기 때문에 여성 진료를 할 여성 의료인이 절실히 필요했던 만큼, 여성 의료선교사인 엘러스가 한국에 들어오자 선교사들뿐만 아니라 왕비와 궁중의 귀부인들까지도 모두 환영했다. 병원 안에 신설된 부녀과의 책임을 맡으면서 왕비와 친근한 사이가 된 엘러스는 왕비의 신임을 받게 돼 왕비의 시의侍醫 역할도 하게 되었다. 그녀는 한국에 들어와 사십 년간 봉직하면서 제중원 의사, 명성황후 시의 등으로 활동하는 한편, 여성 교육에도 큰 관심을 가지고 1887년 6월 정동여학당(현재 정신여중·고)을 설립하여 장로교 최초의 여학교 설립자로 초대 교장이 된다.

이후 선교사 벙커Dalziel A. Bunker, 한국명 방거邦巨와 결혼하여 애니 엘러스 벙커Annie Ellers Bunker, 방거 부인가 된 엘러스는 1888년 9월 헤이든에게 학교 일을 인계한다. 이후 정동여학당은 호튼, 엘렌 스트롱Ellen Strong, 빅토리아 아버클Victoria C. Arbuckle 등의 도움을 받으며 네다섯 명의 학생들을 모아 계속 운영되었다. 애니 엘러스가 교장을 맡은 기간은 짧았지만 여성 교육이 전무하던 시절에 무언가를 처음 시작했다는 것 자체로 그 의미는 크다 하겠다.

정동여학당이 미국 선교본부와 서울 장안에 제대로 알려지기 시작한 것은 1890년 수잔 도티Susan A. Doty가 제3대

교장을 맡아 학교를 이끌어 가면서부터였다. 수잔 도티는 1895년 10월 20일 학교를 정동에서 연지동(당시 지명은 연못골)으로 옮겼고, 정동여학당이라는 학교명도 연지동 137번지로 이전하면서 '연동여학교'라고 바꾸었다가, 1909년 당시 교육법에 따라 '정신여학교'로 변경했다.

선교사들이 이 땅에 세운 학교가 모두 그랬듯이 개화기라고는 해도 봉건사회에서 여성을 교육한다는 것은 매우 어려워 처음에는 여학생 모집조차 쉬운 일이 아니었다. 하지만 점점 기독교 신자들의 가정에서 딸들을 보내 1887년에 세워진 정신여학교는 자리를 잡게 된다. 김필례는 1903년 수잔 도티가 교장으로 있던 연동여학교에 입학했는데, 그때는 학제령이 아직 발표되지 않아 학년제가 분명하지 않았던 때였다.

수잔 도티가 교장으로 있을 때인 1890년 9월 1일 쓴 언더우드 부인릴리어스 호턴의 편지는 당시 정동여학당의 초기 교육 상황을 보여 준다.

> 지금 도티 양이 맡은 여학교에는 아홉 명의 어린 여아들이 있는데, 대개는 여덟 살쯤 되는 아이들이다. 이 아이들은 저희들이 할 수 있는 일은 제 손으로 하고 있으며, 한국식 음식 만들기와 바느질을 배우고 있고, 영어는 가르치지 아니한다. 그러나 한문 읽기를 가르치고 자기 나라의 글인 한글을 배우고, 특히 성경과 신앙 생활을 배

우고 있다. 이들 여아들에게 외국식 교육을 시켜 저들이 담당할 새 가정생활에 맞지 않게 하는 것은 큰 잘못이라고 생각한다. 우리들은 여학생들을 한국인 신자로 만들기를 원할 뿐이며, 미국형의 숙녀를 만들고자 하는 것은 아니다.

이 편지에서 학생들을 미국형 숙녀가 아닌, 한국인 신자로 만들기를 원하는 선교사들의 교육 자세 등 매우 중요한 내용을 확인할 수 있다. 지금의 시각으로는 당연하게 여겨질 수도 있지만, 시혜를 베푸는 지배적인 입장의 미국인이 시혜 대상국을 배려하고 한국 여학생들의 눈높이에 맞추려는 지혜로운 태도는 당시 쉽게 찾아볼 수 없는 것이었다.

당시 학교 운영에 필요한 경비, 학비와 생활비는 학교에서 전담하였는데 한 사람당 이십구 달러가 들었다고 한다. 학교에서 학생들을 무료로 가르치고 먹여 주고 입혀 주었으며, 다른 학교와 달리 보모도 두고 있었다. 보모는 학생들의 식사를 돌보아 주는 일을 했다.

이 모든 것이 무료라는 것은 합당치 않다고 생각한 필례의 오빠 김필순은 학교 당국과 가벼운 실랑이를 벌였다. 돈을 내고 배우겠다는 학부모와 안 받고 그냥 가르치겠다는 학교 당국이 서로 양보하여 필순은 자기 동생들과 조카들의 학비와 식비로 한 사람당 팔십 전씩 내기로 합의했다. 이들은 연동여학교 설립 후 처음으로 돈을 내고 배우는 학생들이었다.*

김필례가 연동여학교를 다니면서 배운 교과목은 성경, 한
문, 역사, 지리, 산술, 습자, 체조, 음악, 가사, 침공針工 등이었
다. 특히 성경 과목은 선교사들이 직접 맡아서 가르친 가장
중요한 과목이었는데, 그 전통은 그 후로도 오랫동안 이어지
고 있다. 교복은 검소한 정신과 생활을 단련시키려는 뜻에서
흰 무명저고리, 검은 치마였고 크리스마스나 추수감사절에
는 예배 후에 깜짝 놀랄 만한 행사(병풍 뒤에 선물 상자들을 넣고 병풍
앞에서 학생들에게 낚싯대로 선물을 낚아 올리게 하는 '잉어잡이' 등)를 마련하
여 잊을 수 없는 즐거움을 선사했다.

당시에는 공부를 잘하면 월반이라는 제도가 있었다. 이런
제도는 그 후 다른 학교에서도 지속적으로 이루어졌는데, 김
필례는 두 번이나 월반할 만큼 공부를 잘했고 또 열심이어
서 상으로 풍금을 배울 수 있었다. 필례가 열네 살이던 1904
년의 일로 교회에도 풍금이 없을 때였다. 풍금을 배울 수 있
다는 사실은 당시로서는 상상할 수도 없는 영광이었는데, 당
시 학생들 대부분이 예배의 찬송가 반주자가 되는 것을 소
원하거나, 그런 사람을 동경하던 시절이었다. 그런 만큼 당
사자인 소녀 필례가 얼마나 기뻐했을지는 가히 짐작하고도
남는다. 당시 주일이면 학교의 사환이 학교의 풍금을 지게에

---

* 한 사람당 팔십 전씩 낸 것이 우리나라 최초의 월사금이라 할 수 있겠다.

지고 연동교회로 갔고, 그 뒤를 기숙사에서 나온 학생들이 줄을 지어 따라갔다고 한다. 이렇게 배운 풍금이 기초가 되어서 후에 일본 여자학원 고등부에 재학하던 시절(1913~1916) 학교의 승인 아래 감리교 계통의 종교 학교인 영화英和음악 전문학교(1914~1916)를 동시에 다닐 수 있었을 것이다.

연동여학교 시절에 특히 가사와 침공을 가르친 신마리아 선생은 교육이란 전인격적 만남을 통해 이루어질 수 있다는 것을 말과 실천을 통해 보여 줌으로써 학생들에게 큰 영향을 끼쳤다. 필례도 신마리아 선생의 영향을 많이 받아 나중에 1947년 정신여학교 교장이 되어 건축한 대강당을 '신마리아 관'이라 이름 붙여 그 업적과 가르침을 기렸다.

김필례가 연동여학교를 졸업할 때(1903~1907)까지 교장이 세 번 바뀌었다. 제3대 교장인 수잔 도티(1890~1904), 제4대 교장 메리 바레트Mary B. Barrett, 1904~1905, 제5대 교장 매티 밀러 Mattie H. Miller, 1905~1909(에드워드 밀러Edward H. Miller의 부인)였다. 필례는 1907년 연동여학교를 졸업, 1회 졸업생이 된다. 이때 졸업한 학생은 그녀 외에도 열 명*이 더 있었는데, 이 졸업식에는 노백린, 김필순, 제임스 게일James S. Gale 세 사람이 내빈으로 와 축하해 주었다. 졸업장은 양식이 정해져 있었던 것

---

* 당시 학제가 명료하지 않은 관계로 김원근 선생의 붓글씨로 쓴 졸업장 명단을 참고했다. 1회 정식 졸업생은 김필례와 이원경 두 사람인데 명단에 쓰인 이름으로 미루어 『정신 75년사』에는 열한 명으로, 그 외 열세 명, 여덟 명의 세 가지 설이 있다.

정신여학교(당시연동여학교) 제1회 졸업생 사진. 아래에서 두번째 줄 다섯 명 중 맨 왼쪽이 김필례. 1907.6.16.

도 아니고 학교가 생긴 이래 첫 졸업생이다 보니 그동안 한문을 맡아서 가르쳐 주었던 김원근 선생이 창호지에다 붓글씨로 써주었다. 졸업장 끝에 가르친 교사들의 이름을 전부 적었다는 점이 특이하다. 일 년 뒤 이화학당에서도 첫 졸업생을 배출하게 되었는데, 졸업장 양식을 참고하기 위해 선생의 졸업장을 베껴 갔다고 한다.

당시 정신학교는 엄격한 교육으로 유명했는데, 당시 엄격한 분위기를 전하고 있는 글들을 보면 다음과 같다.

> 그때 나는 커다란 처녀가 매일 통학할 수 없다 하여 기숙사에 들어가 있었는데, 외출이라고 한 달에 한 번 집에 가는 일인데 그것도 반드시 부형이 데리려 와야지 어린 동생이 와도 보호할 자격이 없다고 내보내지 아니하는 고로 우리 집에서는 교군을 가지고 사람이 와서 꼭 데려가는고로 시집이나 갔다가 친정에 가는 신부처럼 거동이 대단하였지요. _ 재학생 유각경

> 전원이 기숙사 생활을 하였으니 특별한 허가와 사정이 있는 학생이 아니고서는 전원 입사하였다. 시내 아무리 가까운 거리에 사는 학생이라도 일단 정신학교에 입학하면 기숙사 생활하는 것이 원칙으로 되어 있다. 그러므로 아침 등교라는 말 자체가 없었고 학교 안에서 먹고 자고 살며 공부하는 것이 일과였다. 귀가 허가가 내려 집에를 가든지 또는 시내 외출 시에는 반드시 보모가 앞을

서서 데리고 다녔다. 지방 학생들이 귀성을 위하여 정거장에 나가게 되면 반드시 보모가 서울역까지 데리고 갔다. 평상시 학생 외출은 엄금되어 있어 같은 믿는 학교에서 크리스마스 축하회가 있는 때에도 그 축제에 참가할 수가 없었다. 1909년 겨울 크리스마스 축하 시에 교장의 허가 없이 이웃에 있던 자매학교인 경신학교 축하회를 구경 갔던 정신여학생 육십여 명이 보모(안득은, 고한주)가 인솔해서 갔었지만서도 모두 삼 일간의 정학 처분을 받은 일이 있었으니 칠십여 명의 전교 학생 중에 다섯 명의 가지 않았던 학생에게만 삼 일간의 수업을 실시하였다고 한다. _ 김영삼, 『정신 75년사』

실제로 정신학교의 규율이 이처럼 엄했고, 수업 방식이 엄하고 철저한 것이 특색이었던 만큼, 후에 소설가가 된 박화성*은 1916년에 5학년으로 시험을 치고 들어갔음에도 불구하고 정신여학교의 엄격함 때문에 한 학기 다니다 숙명으로 학교를 옮겼을 정도였다.

---

* 어린 시절부터 여학교 시절을 쓴 이야기에 정신학교, 선교사들, 김필례 선생에 대한 이야기가 나온다. 박화성은 1907년에 말재라는 아명으로 부모와 함께 세례를 받고 가족 모두 신실한 기독교 신자로 성장하는데 목포의 정명학교를 일곱 살에 여학당 3학년으로 다닐 때 가르치던 분이 '얼굴이 희고 갸름한 김함라(김필례의 큰오빠 김윤방의 큰딸, 김마리아의 언니, 후에 남궁혁 박사와 결혼) 선생님'이고 정명학교 교장은 유애나(Anabel M. Nisbet의 한국이름. 전주 목포 교육 선교의 개척자)로 키가 작고 뚱뚱한 선교사였다고 기록하고 있다. 1916년에 서울 정신여학교로 유학하니, 후에 소설가가 된 김말봉이 한반이었다고 한다.

기숙사도 양옥 침대요, 그림같이 아름답고 화려하였으나 내 심정에 맞지 않았다. 집에다 보내는 것이나 오는 편지는 다 먼저 검독하고, 경신학교를 지척에 두고도 순경 오빠와의 면회도 할 수 없으며, 외출이란 일체 금지하는 데서 나는 인권의 무시당함을 통절하게 느꼈다.

_ 박화성, 『눈보라의 운하』

후에 작가가 된 박화성이 벽돌로 된 정신학교 교사도 아름다웠고 시설도 좋았지만 정신여학교의 엄격한 생활 지도가 견디기 어려워 학교까지 옮겼다는 것인데, 벽돌로 된 신식 교사는 김필례의 회고록에도 나온다. "팔 년간의 일본 유학을 마치고 1916년에 다시 모교 정신으로 돌아와 보니 현존하는 본관 4층이 새로 더 생겼는데 1910년에 건축되었고 그때는 기숙사로 사용했었다"고 기숙사가 신식이었음을 말하고 있다. 그러나 그 기숙사 생활의 엄격한 환경이 영혼이 자유롭고 일탈을 꿈꾸는 예술가 기질의 젊은 박화성에게는 아무리 기독교 신자라도 감내하기가 어려웠던 것이다.

그러나 김필례 선생에게서 배운 영어 덕분에 1925년 4년제 과정을 밟으려 할 때 도움이 되었다고 하는데 "영어는 광주에서 (김필례 선생에게서) 여덟 달을 배우고 목포에서 (김우진*

---

* 초성 김우진(1897~1926)은 목포 갑부의 아들로 일본 유학 때 희곡을 공부하다가 당대의 이름난 성악가이자 토월회 배우인 윤심덕을 만나 사랑에 빠지고, 조선으로 돌아오던 중 두 사람이 현해탄에 빠져 자살한 사건으로 더 유명하다.

씨에게서) 다섯 달을 배운 실력으로 우수했다"고 한다. 아마도 선생이 1918년 결혼하고 광주로 내려가 있던 시절, 박화성이 1920년 열일곱 살 때 김필례로부터 영어와 풍금의 개인교수를 받았다고 한 시절로 추측된다.

김필례는 1907년 졸업과 동시에 밀러 교장의 요청으로 연동여학교에서 수학을 가르치게 되었다. 필례보다 나이가 더 많은 학생들도 있었고, 결혼한 학생들도 있어서 열일곱 살의 처녀가 학생들을 가르치기가 만만치 않아 곤혹스러운 일도 많았다. 당시 가장 나이 어린 열일곱 살의 처녀 선생이어서 나이 많은 학생들이 실력은 인정하였지만 젊은 필례를 제대로 선생 대접을 하지 않고 수업 시간에 "필례야!"라고 부르는 일이 많았다. 결혼한 학생이 "얘, 필례야, 잘 모르겠다" 그러면 미혼의 선생이 다소곳이 설명을 다시 해주는 식이다. 사실 필례는 교사 일을 계속하기보다 공부를 계속하고 싶었다.
당시에 유학은 주로 일본으로 가는 경우가 많았는데, 집안 형편이 유학을 떠나기에는 어려움이 컸다. 1903년경 필례의 오빠들, 필순과 윤오가 서울역 근처 제중원 건너편에 공동 출자로 세운 '김형제 상회'가 경영상의 문제로 문을 닫게 되었기 때문이다. 윤오는 여러 면에서 유능한 사람이었다. 소래 시절 쌀 장사로 큰돈을 벌었고 서북학회 등에서 출중한 활동을 하면서 근대식 상회에 대한 안목이나 경영 능력이 있었지만 장사를 직접 해본 경험이 없는 데다 사람을 너무 쉽게 믿어서 지배인에게 모든 일을 맡겼는데, 그 지배인의 바르지 않은 일처리로 경영 상태가 악화되었던 것이다. 이 상회는 처음에는 하와이로 인삼을 수출하고 장롱 짜는 일도 하여 잘 되었지만 지배인을 잘못 둔 탓에 그만 망하게 된 것이었다. 두 오빠는 그냥 주저앉을 수는 없다며 다시 조금씩 출자를 하여 용산에 제재소를 차렸던 와중이라 필례가 유학 이야기를 꺼낼 형편이 못 되었다.

선생이 된 필례가 답답하고 안타까워 학교 기숙사에서 밤마다 울면서 간절히 궁구하던 중, 어떤 생각이 떠올랐다. 그것은 순애 언니와 혼담이 오간 적이 있던 학부 학무국장 윤치오尹致旿의 형수(윤치호尹致昊의 부인)가 세브란스병원에 입원해서 윤치오가 자주 병원에 드나들었는데 그에게 부탁해 보자는 생각이 든 것이다. 더구나 오빠 필순이 윤치오의 형수를 치료하는 담당 의사였다. 필례는 필순 오빠에게 자신이 유학 갈 수 있도록 윤치오에게 부탁해 달라 해놓고 기숙사에서 밤마다 간절히 기도드렸다.

하나님 저를 동경으로 보내 주십시오. 저에게 더 많은 것을 알게 해주십시오. 가난하고 불쌍한 우리 동포들에게 새로운 지식을 많이 배워 와 전해 줄 수 있도록 해주십시오.

이것은 일신의 영달을 위해서라기보다는 나라와 동포를 위한 도구로 쓰이기 위한 이타적 기도였다. 이러한 기도가 헛되지 않았던지 윤치오에게 부탁한 지 일 년 만에 김필례가 관비 유학생으로 선발되었다는 소식이 왔다. 이런 과정이 흔히 생각하듯이 끈을 잘 잡고 줄을 잘 서서였을까? 그보다는 진정 원하는 것에 대해 골똘히 생각하면 거기서 어떤 방법이 떠오르고 그 생각을 곧 실천하고 기다리며 준비하는 열정, 거기에 적극적으로 도전하는 삶의 자세가 더 중요하고 크지 않을까? 윤치오에게 부탁해 보자는 생각도 필례 스스로 한 것인 데다 여러 자격 요건이나 학구적 자세, 됨됨이 등 필례에 대한 주변의 평가는 관비 유학을 추천받기에 충분했다. 끈이나 줄도 자격이 갖추어져 있을 때 가능하거나 효력이 나타나는 법. 김필례의 열정과 적극적 자세, 충분한 능력과 자질은 일본 유학 시절 더욱더 드러나게 된다.

잠깐 1910년대의 학교 교육 상황을 보면 1915년 사립학교 규칙이 개정, 공포되면서 일제는 외국 교회가 설립한 사립학교와 조선인이 경영하는 학교를 차별, 조선인 사립학교에 대해서는 더 심하게 통제했다. 총독부는 기독교 학교의 고등보통학교 승격에 대해서 사립중학교를 고등보통학교(또는 여자고등보통학교)로 승격시켜서 새로 인가를 받게 했고, 전문학교의 입학 자격을 고등보통학교 졸업자만 인정했으므로 모든 사립학교는 새로 인가를 받아야 했다. 선교의 근본 목적을 위해서는 성경 과목과 기도회를 정규 과정표에 넣어야 했는데, 그렇게 하면 고등보통학교로 승격하지 못하면서 총독부의 지탄을 받아야 했다.

이에 대한 사학들의 의견은 둘로 나뉘었는데 하나는 인가를 받자는 편이고, 또 하나는 일본의 심산이 빤하니 인가를 받을 필요가 없다는 것이었다. 대체로 1910년대 장로교파 소속 학교들은 인가를 받아 승격하는 데에 반대하였고, 감리교파는 현실론에 기울고 있었다. 장로교에서는 고등보통학교나 여자고등보통학교가 없었으므로 정신, 경신, 숭실 등 장로교측 학교에서는 상급 학교 진학에 큰 수난을 당하게 되었다. 1913년 남자 경신소학교와 여자 정신소학교는 교명을 보영普永학교라 하여 잠깐 통합한 때가 있었는데, 언더우드 박사 사망 이후 1916년 보영학교는 폐교되고 각각 원상태로 돌아갔다. 이 해에 제1회 졸업생으로 1908년 일본으로 유학을 갔던 김필례가 동경 유학 팔 년 만에 다시 모교로 돌아왔다.

그새 학교 이름이 연동여학교에서 정신여학교로 바뀌어 있었고, 건물도 붉은 벽돌로 근사하게 새로 지어져 있었다. 1905년부터 1910년에 걸쳐 세브란스가 거금 만오천 달러를 기부하여 짓게 된 지하 1층 지상 3층의 벽돌 건물은 총 건평이 약 육백팔십 평이나 되었다. 김필례는 대학 예과에 해당하는 보수과 5·6학년 학생들에게 '역사와 수신' '세계사'

'교회사' 등을 가르쳤다. 이 시기의 제자로 김말봉*, 신의경, 장선희 등이 있다. 그리고 해마다 열리는 부흥회 때 선교사들의 설교 통역을 맡았는데, 그런 가운데 친분을 맺은 릴리언 밀러Lillian D. Miller, 천미례와의 교류는 첫 통역을 맡은 1917년부터 밀러가 아흔한 살이 되는 1977년까지 서신을 주고받으며 이어졌다.

정신여학교는 자매간에 입학하여 공부하는 경우가 많았다. 안창호, 김필순 등과 항일구국민족운동을 함께했던 노백린 장군의 딸들인 노숙경과 노순경, 독립운동가 이동휘의 딸인 이의순과 이인순, 유길준의 동생이자 대한제국의 중책을 맡았던 유성준의 딸인 유각경과 유철경 자매, 그리고 김필례 자매와 조카 등이 그러하다. 원산에서 게일 선교사와 함께 일해 온 연동교회 장로 이창직의 세 딸 이원경, 혜경, 은경도 정신여학교를 다녔고 안창호의 약혼녀 이혜련과 여동생 안신호는 평양에서 서울 연동여학교로 왔다.

---

* 앞에서 소설가 박화성이 "1916년에 서울 정신여학교로 유학하니, 후에 소설가가 된 김말봉이 한반이었다"고 회고한 바 있다. 김말봉은 1901년 부산 태생으로 1918년 제10회 정신여학교를 졸업했다. 삼일독립만세운동에 앞장섰으며, 중외일보 기자로 「망명녀」, 『밀림』 등을 쓴 대중소설가로 이름이 났다. 해방 이후 공창폐지운동에 앞장섰다.

동경 유학 시절

1908년 9월 정신여학교 선생을 하던 김필례가 일본 유학 길에 오르는 이 시기는 조선 왕조 오백 년의 역사가 기울어져 가는, 대한제국으로 국호까지 바꾸었지만(1897년) 국권은 여기저기 사방팔방으로 찢겨지고 없어져 가는 시기였다. 미국, 프랑스, 중국, 러시아, 일본의 세력 다툼 속에서 일본이 외교나 전쟁을 통해 이기면서 나라는 일본에게 빼앗기기 직전이었다.

김필례가 정신여학교를 졸업한 1907년은 일제가 식민지 정책을 가속화하던 엄혹한 시대로, 이에 저항하는 국민들의 자주독립 의식도 매우 강해져 가는 시기였다. 일본이 부당하게 부과한 나라빚 천삼백만 원을 국민의 힘으로 갚아 독립하겠다는 국채보상운동이 전국으로 들불처럼 번져 가는 동시에, 또 한편으로는 애국계몽운동이 뜨겁게 일고 있었다. 당시 천삼백만 원은 국가 일 년 예산과 맞먹는 거액으로 이는 조선의 근대화를 위한 차관이라는 명목으로 일본이 우리

정부에게 거금의 빚을 고의로 지운 것이었다.

김필례는 이미 어려서부터 오빠들과 그 동지들의 구국독립운동을 보아 왔던 터라 나라가 자주독립하기 위해서는 국민, 특히 부녀자들이 동등한 국민으로서의 의무와 책임을 다하는 실력을 갖춰야 한다는 신념을 갖고 있었다. 막내 조카 김마리아도 선생과 같은 생각을 가지고 있어 그들은 자신들이 이 일을 위해 자신의 자질을 먼저 연마해서 암매한 부녀자들을 가르치고 이끌어 국력을 키우겠다고 다짐하면서 준비해 왔다.

구국독립운동의 국민적 열기가 뜨거워지고 있을 때 고종황제는 1907년 헤이그 만국평화회의에 밀사를 파견해 일제의 흉계를 국제 사회에 폭로하여 자주독립을 되찾고자 하였다. 이것은 약소민족 국가의 황제로서 할 수 있는 최후의 수단이었으나 일본과 영국의 방해로 뜻을 이루지 못했다. 일제는 이 일로 황제의 자리를 순종에게 강제 양위하게 하고 식민지 침략 정책에 박차를 가하였다. 대한제국의 정치권·행정권을 일제 통감부가 완전히 장악하는 정미칠조약丁未七條約을 7월 24일에 강제 체결케 하고, 순종 황제를 겁박하여 7월 31일에는 군대 해산 조칙을 내리게 했다. 그리고 8월 1일 아침 여덟 시에 동대문 훈련원에서 군대 해산식을 강행했다.

그러나 일제는 곧 한국군의 완강한 저항에 부딪쳤다. 특히 남대문과 창의문 일대에서 벌어진 한국군 장병들의 저항 투쟁은 경성 한복판에서 벌어진 빛나는 항일 전투였다. 군대 강제 해산에 분개한 제1연대 제1대대장 박승환이 대대장실에서 "대한제국 만세!"를 외친 다음 "군인이 나라를 지키지 못하고 신하가 충성을 다하지 못하면 만 번 죽어도 아깝지 않다"는 유서를 남기고 권총으로 자결하였는데, 이 소식을 접한 부대 장병들이 분격하여 탄약고를 부수고 탄환을 꺼내 무장 항쟁을 했다. 구식 총으로 무장한 칠백여 명의 한국군은 기관총 3문으로 무장한 2개 대대의 일본 병력과 맞서 처절한 전투를 벌였다. 두 시간 동안의 전투에서 일본군 측은 삼십여 명이 전사했고 한국군 측은 전사자가 백여 명, 부상자가 백여 명에 포로 오백여 명이라는 치열한 전투*를 벌였다.

세브란스병원은 격전지와 가까이 있어 이 엄청난 전투 상황을 모두 볼 수가 있었다. 8월 복중에 장마철이라 쏟아지는 빗속에서 병원 간호사와 의사들이 적십자기와 완장을 차고 부상병 구호에 나섰다. 에비슨Oliver R. Avison 박사의 기록에 의하면 부상자를 찾아 들것에 실어 병원으로 옮겨와 병원 뜰에는 오십여 명의 부상병들이 즐비했다고 한다. 간호 인력이 절대 부족해 정동의 부인병원인 '보구여관'의 마거릿 에드먼드Margaret Edmunds에게 병원 간호사를 최대한 동원해 줄 것을 긴급히 요청하였다.

---

* 2018년 가을에 방영된 드라마 〈미스터 선샤인〉에 이 군대 해산과 한국군의 저항 및 의병 활동이 마지막 여러 회에서 크게 다루어졌다.

당시의 풍습으로는 남자가 여자를, 또는 여자가 남자를 치료하고 간호할 도리가 없을 정도로 남녀 구별이 엄격하여 세브란스병원에서는 주로 남자 환자만을 치료, 간호했던 만큼 부상병들이 빼곡히 누워 있는 이 엄청난 광경 앞에서 여자 간호사들은 안타까워할 뿐 선뜻 간호의 손길을 내밀지 못하였다.

　　한·일 간 전투가 치열하던 날 필례는 서소문 밖 윤오 오빠의 집에 있었다. 그의 집에서 보니 성 위로 우리 군인들이 까맣게 나와 있었다. 그 광경을 보고 필례는 오빠 필순의 집에 있는 어머니 안 씨가 걱정되어 그리로 가고자 했다. 위험하다고 말리는 윤오 오빠의 만류를 뿌리치고 빗속을 뚫고 세브란스병원 안에 있는 필순의 집으로 달려갔다. 시가지는 어디를 가나 빗물이 무릎까지 차오르는 공포의 도가니였다. 그런데 강물처럼 흐르는 빗물을 보니 부상병들이 흘린 피가 섞인 피바다였다. 그녀는 가슴에 뭉클함을 느꼈다. 필순 오빠의 집에 도착하니 병원은 아수라장이었고 필순 오빠는 부상병들을 돌보느라 눈코 뜰 새가 없었다.*

　　병원으로 밀려드는 부상병들의 치료를 위해서는 한 사람

---

* 당시 필순의 가족들은 세브란스 구내의 사택에서 함께 살고 있었는데 이는 필순의 요청으로 제중원 환자들의 식사를 어머니와 아내가 맡게 되었기 때문이다. 제중원에서 공부한 후 필순은 에비슨 박사의 조수로 일하면서 의학서를 우리말로 번역하고 또한 강의와 진료도 겸했을 만큼 에비슨 박사의 큰 신임을 얻고 있었다.

의 손길도 아쉬운 판인지라 필순은 동생을 비롯한 집안 여자들을 저 귀중하고 위대한 장병을 돌보게 해야 한다고 어머니를 설득했다. 그러나 어머니는 양가 규수들에게 어찌 남정네 치료를 하게 할 수 있느냐며 극구 반대했다. 필순은 영국의 귀족 출신인 나이팅게일이 크리미아 전쟁에서 한 일을 예로 들어 설득했지만 어머니는 끝까지 요지부동이었다. 필순이 다시 "저들이 쓰러져 가는 나라를 일으켜 세우려다 저 지경이 되었는데 이럴 때 희생적으로 나서는 게 그리스도의 참사랑을 실천하는 일입니다"라고 역설하자, 어머니는 드디어 마음을 열고 집안 처녀들 모두가 부상병을 간호하도록 허락했다. 그리하여 필례는 오빠와 조카들과 함께 열흘 동안 병원에서 부상병 간호를 했다. 옷이 핏물로 얼룩졌으나 이를 상관치 않은 채 정성을 다하여 간호하는 여학생들의 의거에 부상병들은 눈물을 흘리며 고마워했다.

당시 『대한매일신보』는 「여학생들의 의거」*라는 제목으로 이 광경을 기사로 보도하였고, 후에 『동아일보』에서도 1907년 군대 해산에 대한 기사에서 "더욱 그들과 더불어 활동한 보구여관 간호부와 연동여자중학교 학생들이 몸을 버리고 구호에 활동한 것은 그 당시 온 천하가 감읍한 바이었

---

* '여도의거(女徒義擧)': "학생들이 회동하여 상의하기를 제 동포는 나라 위해 순절한 자도 있는데 우리들은 비록 여자이나 의로운 일을 하지 않을 수 없다. 그 날 밤부터 제중원으로 가서 부상 장병들을 열심히 간호하였다. 그 장병들은 여학생들의 의거에 감복하여 눈물을 뿌리며 치사했다."

다"고 당시 상황을 기사화했다. 여성들의 부상병 간호를 통하여 오백 년간 철칙으로 지켜졌던 남녀유별의 가치관이 일시에 무너지고 우리 사회가 한 단계 전진할 수 있게 됐는데, 이것 또한 여성들의 꿋꿋한 독립 정신과 그 실천성 때문이었다.

김필례는 부상병 간호를 통해 뜨거운 조국애와 동포애가 가슴 깊은 곳에서 샘솟아 오르는 것을 느꼈다. 부상병 간호 중에 한 부상병이 일본군은 한국군이 총에 쓰러지면 발로 밟아 사망 사실을 확인하는데 자기는 밟혔을 때 죽은 듯이 참고 가만히 있다가 마지막 남은 탄환 세 발로 일본군 세 명을 사살했노라고 상처의 아픔 속에서도 미소로 무용담을 들려주었다. 이때 필례는 깊은 감명을 받으면서 동시에 가슴 깊은 곳에서 이 몸 바쳐 독립을 기어이 이루겠다는 강한 의지를 다지게 되었다. 이들의 소식이 지방으로 전해지면서 전국 각지의 의병들이 합세하여 처절한 항쟁이 계속된다.

해산당한 군인들, 평민, 유생들이 힘을 합쳐 더욱 거세게 일본에 저항하는 이때에 김필례는 일본으로 유학을 가게 된다. 이런 일들을 보고 듣고 겪으면서 자신이 해야 할 일이 무엇인지 더욱 절실하게 깨닫게 된 것이다. 자신의 유학이 개인의 영달을 위한 것이 아니라 조국의 독립을 위한 것이라는 소명 의식을 갖게 되었고, 새로운 학문과 문물을 빨리 익혀 우리 동포들을 무지몽매에서 깨우쳐 나라의 힘을 키우는 일이 자신이 해야 할 독립운동이라는 각오를 다진 것이다. 이 각오는 어떤 한 사람에 대한 '배타적' 사랑이나 내 가족, 내 조직을 향한 '폐쇄적' 사랑을 넘어 인간을 향한, 나라와 민족을 향한 더 깊고 커다란 사랑에서 나온 것이었다.

나는 전공을 역사로 택했다. 역사를 택한 것은 우연한 것이 아님은 명백했다. 왜 우리나라는 일본의 속국이 되었나, 그들은 작은 섬나라 왜인이지만 무혈전쟁으로 우리나라를 보호국으로 만들었고 우리는 왜 크나큰 다툼 없이 남의 보호를 받게 되었나, 그네들은 대체 어떤 국민들일까, 어떻게 생활하고 어떻게 배우며, 꿈이 무엇이며, 나라는 국민에게 국민은 나라에게 어떠한 도리를 하는 것일까, 과연 일본의 국민성은 어떤 것일까, 하는 문제였다. 필경은 국민성이 다르기 때문에 또는 국민성이 개화되지 못했기 때문에 우리 조국은 뼈아픈 곤욕을 당하고 있을 것이다. 그러면 그들의 국민성은 어떤 것일까, 연구해 보고 싶었다. 연구해 보고 좋은 점, 훌륭한 점이 있으면 모조리 가져오고 싶었다. 배워 오고 싶었다. 거기엔 역사의 연구가 첩경인 것 같았다. 그래서 나는 전공 과목을 서슴없이 역사로 택했던 것이다.

1908년 필례가 우리나라 여성으로는 처음으로 관비유학생에 선발되어 여자학원에서 공부하기 위해 동경으로 갈 때, 대개 그렇듯이 서울서 부산까지는 기차로, 부산에서 시모노

세키下關까지는 연락선을 탔다. 시모노세키에서 동경까지 하루 걸려 서울을 떠난 지 나흘 만에 동경에 도착했다. 동경에서 공부하고 있던 윤오 오빠의 아들 덕룡이 방학을 맞아 와 있던 터라 함께 일본으로 갈 수 있었다. 유학생 필례는 그해 9월 동경에 있는 여자학원 중등부에 편입하는데, 이 학원은 연동여학교처럼 미국 북장로교 선교부가 세운 것이었다.

1908년 9월 5일자 『황성신문』과 『대한매일신보』 등 신문에는 "연동교당 여학도 김필례 씨가 학문을 일층 수업하고자 9월 4일 오전 여덟 시경에 경부철도 1번 열차를 타고 일본으로 건너갔다"는 기사가 실릴 정도로 사회적 관심이 컸다. 이 학교는 오 년제의 중등부와 대학 과정에 해당하는 삼 년제의 고등부로 학제가 되어 있었는데, 김필례는 중등부부터 시작하여 1916년 3월에 고등부를 졸업한다.

동경의 여자학원은 중등부와 대학부가 있었으며 외국 유학생반과 일본 학교로 구분되어 있었다. 사실 역사 연구를 전반적으로 교수하는 곳은 일본 학교였지만 유학생들의 첫 코스가 교양 과정이었으므로 나는 상해에서 온 네 여학생들과 영어, 성경, 지리, 역사 또는 영문법 등을 주로 배웠다. 제일 애로였던 것은 일본어를 몰랐기 때문에 당하는 어색함이었다. 다음해 4월부터 일본 학교에 들어갔는데 그저 일본말의 소리를 듣고 책에서 그 말을 찾으려면 책장이 넘겨지고 마는 상태였으며 "긴 상" 하고 부르면 아닌 밤중의 홍두깨 모양 놀란 눈을 하곤 했었다. 게다가 키는 크고 나이도 많아 맨 뒤에 앉아 있었는데 "긴 상" 하고 호명이 있은 뒤 교과서 낭독을 지시받았을 때는 얼굴이 홍당무가 되면서 울먹이기 일쑤였기 때문에 나의 별명은 울보로 통했다.

일본어를 몰라 힘들었지만 정신여학교를 다니면서 배운 풍금이 기초가 되어서 후에 일본여자학원 고등부에 재학하던 시절(1913.4~1916.3)에는 학교의 승인을 받아 감리교 계통의 종교학교인 영화음악전문학교(1914~1916.3)를 동시에 다닐 수 있었다. 이것은 대단한 특별 배려인데, 졸업 후 동경의 여자학원 중등부에서 오 년간 의무적으로 교사 근무를 해야 한다는 조건이었다. 유학을 하며 두 군데를 동시에 다닌다는 것은 쉽지 않은 일이었지만 김필례는 후배 다섯 사람에게 피아노 개인 레슨도 하며 잘해 나갔다. 이렇게 피아노를 전공한 것은 훌륭한 자산이 되었는데, 그것이 바탕이 되어 후에 광주 '오웬기념관'*에서 피아노 독주회를 하기도 했고 나중

---

* 호남 지역 선교의 지평을 열고 병사한 오웬(Clement C. Owen 1867~1909, 한국명 오기원, 오원) 선교사를 기념하여 1915년 1월에 건립되었다. 오웬은 1898년 목포 선교부로 부임, 다음해 최초의 서양 의료 진료소인 목포진료소를 개설하고 1904년 유진 벨과 함께 광주로 이주, 제중병원(현 기독병원)의 기초를 마련했다. 1909년 목포에 석조 양옥의 부란취(富蘭翠) 병원을 개원했는데 이는 당시 동료 의사인 윌리엄 포사이드가 '프렌치 메모리얼'의 기부를 받아 가능했다. 오웬은 급성폐렴으로 마흔두 살에 세상을 뜬, 호남 선교 역사에 중요한 인물이다.

에 피아노 개인 레슨을 해서 정신여학교에서 교무주임으로 일하던 1924년 전후, 피아노와 오르간을 구입하는 데 실질적인 도움을 줄 수 있었다. 또 미국 유학 시절 한인 교회에서 피아노 반주를 하기도 했다.

동경에서 김필례는 학교생활이며 교회 생활에서 모자람이나 지나침이 없고 지도력이 높아 유학생들 사이에서 촉망을 받았다. 그 시절 재일 유학생들은 초기 1890년대에 비해 신분 배경도 높아졌는데, 1908년 재일 유학생 마흔세 명 가운데 서울과 경기도 출신이 전체의 43.6%로 가장 많았다.

동경에 여자 유학생이 없었던 것은 아니지만 대개의 경우 유학 온 남편을 따라 왔거나 귀족들의 소첩이 많았던 때에 처녀 유학생인 필례에게 그곳 유학생들이 갖는 관심은 대단했다. 조카 덕룡과 기숙사 한방을 쓰고 있던 남학생도 편지를 보내왔는데, 그 남학생은 후에 귀국해서 학자 겸 소설가가 되었다고 한다. 나혜석도 남학생 중 한 사람의 부탁을 받고 말을 해보았지만 필례는 정색을 하고 거부했다. 이렇게 유학생들 간에 화제에 오르곤 했던 일들이 젊은 필례도 싫지는 않았겠지만 편지가 잇따라 오는 것이 난처하긴 했다. 한 달에 수십 통씩 편지와 소포가 왔으나 그녀는 뜯어 보지도 않고 반송했다.

동경여자학원 졸업 기념. 오른쪽에서 네 번째 한복 입은 여학생이 김필례.
김필례는 동경 유학 시절에도 한복을 즐겨 입었다고 한다. 1916년.

나이로 보면 스무 살 전후이니 자칫하면 사회 풍조에 휩쓸리기 쉬운 때이며 부화경박에 빠지기 쉬운 시기인 줄 안다. 그러나 나라가 망하고 민족이 위기에 처해 있을 때 어찌 일신의 안락만을 취할 수 있었겠는가?

후에 일본 유학 팔 년간을 회고하며 김필례는 무엇이 자신으로 하여금 그 같은 유혹과 시련과 곤란을 이겨낼 수 있게 해주었는지 생각해 보는데 무엇보다도 우선 하나님의 능력과 보호, 지도가 계셨음이고, 또 하나는 나라와 동포를 사랑하는 정신이 항상 자신을 지탱해 주는 지침이었다고 고백한다.

어려운 가운데 언제나 한국인이라는 것을 명심했다. 나 자신이야 아무것도 아니지만 내 배후에는 이천만의 동포가 있으니 나 혼자만의 잘못이 조국의 오점이 될까 얼마나 저어했는지 몰랐다.

김필례가 유학 생활을 하면서 지녔던 자세 혹은 인품을 볼 수 있는 일화 가운데 하나를 보면, 동경 여자학원 시절 한국인이 필례 외에 한 명 더 있었는데 그녀는 함경도 출신 기생 양승애로 어느 변호사의 소첩이었다. 그녀는 성격이 괴팍하여 사람들이 모두 피하고 꺼렸다. 기숙사 한방을 쓰면서 필례는 그녀에 대한 괴로움이나 분한 마음을 많이 참고 겉으로는 다스려 왔지만, 어느 순간 자신이 마음속 저 깊은 곳에서 삭여 내지 못하고 있다는 것을 깊이 깨달으면서 진정으로 반성하고 참는다는 것이 어떤 것인지를 진지하게 생각하는 기회를 갖게 되었다. 그러면서 양승애라는 품행이 비뚤어진 사람을 통해서도 배운 것, 얻은 것이 많다는 것을 알게 되었다고 한다. "선과 악이 모두 나의 스승이다善惡皆吾師, 선악개오사"라는 말을 실감한 것이니, 그녀와 한방을 쓰면서 선생은 자기를 내세우지 않으며 남을 겸손하게 섬길 줄 아는 마음을 기르게 된 것이다.

당시 유학하고 있던 여학생들은 신여성이라고 하여 자유평등 사상에 빠지면서 자유연애를 지향하기도 했다. 특히 일본 유학을 다녀온 신여성들의 자유연애는 사회적 문제가 되었는데, 유각경의 경우 일본에 가면 애 버린다고 집안에서 일본 유학을 반대했을 정도였다. 당시 물의를 일으킨 자유연애로는 한국 최초의 서양화가로 일컫는 나혜석이 대표적이라 하겠다.

나혜석은 1913년 진명여자고등보통학교를 1회로 졸업하고 일본 동경사립여자미술학교 서양학과 선과에 입학한 재원으로, 한국 최초의 여류 서양화가로 이름을 떨치면서 자유분방한 삶을 살다가 비참하게 죽은 개화기 신여성으로 일반적으로 알려져 있다. 그녀는 1913년에 일본 유학을 가서 이듬해 게이오기주쿠慶應義塾대학 유학생 소월 최승구와 사랑에 빠졌는데, 문학도인 그는 이미 결혼하여 고향에 아내가 있는 사람이었다. 우여곡절을 겪으면서 두 사람은 만나지만 최승구는 결핵으로 사망하고 그를 잊지 못하는 나혜석의 방황, 십 년 연상의 변호사 김우영과의 만남과 결혼 등 여러 염문이 사람들의 입에 오르내렸다.

나혜석은 결혼 전 연애 사건과 파리에서 최린과의 애정 행각, 그로 인한 이혼 등 자유분방한 신여성으로 알려져 있지만 사실은 독립운동에도 적극적으로 참여했다. 1915년 4월 동경 여자 유학생들의 모임인 '동경여자유학생친목회'를 조직, 당시 회장이었던 김필례가 귀국하면서 1917년 10월 임시 총회에서 총무로 선임되고 기관지이자 최초의 여성 유학생 교양 잡지 『여자계』의 편집부원이 되어 김덕성, 허영숙, 황애시덕과 함께 활동하였다. 1918년 3월 동경여자미술전문학교를 졸업하면서 동경여자유학생친목회 주최 졸업생 축하회에 참석하여 답사를 하기도 했다. 이때 사회는 김마리아, 기도는 황에스더, 축사는 현상윤, 백남훈이 했다.

나혜석은 4월 귀국 직후부터 모교인 진명여자고등보통학교 교원으로 재직했고, 1919년 삼일독립운동의 민족적 봉기에 여성과 여학생들의 참여를 모색하다가 일제 군경에 체포되어 다섯 달 동안 옥중 생활을 해야 했다. 출옥 후 정신여자고등보통학교 미술 교사로 약 일 년간 근무하였다. 말하자면 자유연애를 주창하고 실천한 대표적 여성일 뿐 아니라 독립운동과 여성 교육에 힘쓴 교육자이기도 했다. 나혜석과 김우영은 1920년 4월 10일 서울 정동예배당에서 김필수 목사*의 주례로 결혼하였다. 김우영은 두 번째 결혼으로, 그는 삼년 전 상처했다. 이들은 결혼 후 신혼여행지로 나혜석의 첫사랑 최승구의 무덤에 갔고 그 무덤에 비석을 세우기도 해서 장안의 화제가 되었고 당시 대단한 사회적 주목을 받았다.**

오랜 시간이 지난 후, 나혜석은 파리에서 저지른 사랑의 대상인 최린에 대한 실망과 남편에 대한 공개 이혼 고백장(『삼천리』 1934년 8월호, 9월호)을 쓰는 등 파란만장한 삶을 살았는데, 좌절과 실의에 빠져 친구 김일엽***이 여승으로 있는 수덕사 아래 수덕여관에서 장기 체류하기도 했다.

한편 나혜석과 결혼한 김우영과 교토대학京都大学 법학부를 나온 인촌仁村 김성수는 절친한 친구 사이였다. 후에 김필

---

* 김필수 목사는 삼일운동 당시 광주로 내려가 최흥종 목사와 김철 등이 삼일 독립만세 시위를 할 수 있도록 이끌었다.

** 염상섭은 나혜석의 이 이야기를 소재로 자유연애와 신여성의 결혼 문제를 그린 단편소설 「해바라기」(1924)를 썼다.

*** 본명이 원주인 시인 김일엽(1896~1971)은 목사인 아버지의 영향으로 일찍 개화하여 이화학당을 나온 기독교 신자였으나 만공선사 문하에서 득도 수계하여 스님으로 일생을 마친 신여성이다. 여성 해방의 한 획을 그었다고 평가되는 그녀는 일본 유학 중 귀족 집안의 일본인과 사랑하여 아들을 낳았지만 남자 집안의 반대로 결혼을 못 하고 결국 여승이 된다. 후에 일당 스님이 된 이 아들이 일본에서 크면서 학생 때 수덕사로 김일엽을 찾아왔지만 속세와의 모든 인연을 끊은 스님 일엽은 아들을 외면한다. 이때 수덕여관에 머물던 나혜석이 이 아들을 어미 대신 따뜻하게 위로해 주었다. 수덕여관은 재불화가 고암 이응노가 한국전쟁 때 머물던 곳으로 그의 문자 추상이 바위에 새겨져 있어 현재는 충남 기념물로 되어 있다.

례의 정신여학교 제자인 이아주李娥珠와 결혼하게 되는 인촌이 처음 이아주를 보고 반하게 된 것은 삼일운동 시위 사건에 대한 재판에서였다. 중앙학교 교장을 지낸 인촌이 1919년 8월 재판에 가게 된 것은 중앙학교 시위 학생에 대한 재판 때문이었는데, 정신여학교 시위 학생에 대한 재판도 같은 시간에 열렸다. 이 사건의 변론을 맡은 사람은 절친한 친구 김우영 변호사였는데, 이 사건은 김우영이 일본에서 돌아와 변호사로 맡은 첫 변론이었다. 당시 인촌 김성수는 아내와 사별하고 혼자였을 때였는데, 친구의 첫 재판을 보기 위해 방청석에 나갔다가 이아주의 당당한 태도를 보고 호감을 갖게 되었다. 그 후 이아주가 김필례의 제자인 것을 알고 필례가 수피아여학교에 근무하고 있던 광주까지 내려가 이아주와 결혼할 수 있도록 중매를 부탁하기에 이른다.

이아주, 김성수와의 인연은 이기서의 구술 전기에 상세하게 나와 있다. 1916년 겨울 어느 날 선생이 된 필례가 '도의'와 '역사' 강의를 마치고 기숙사를 둘러보던 중 한 학생이 코피를 쏟고 있는 것을 보고 세브란스병원에 입원시켰는데, 그 학생을 돌보던 간호사가 정신여학교에 다니게 해달라고 간곡히 부탁했다. 이 간호사가 바로 이아주였다.

이아주는 평안북도 강계군 공북면이 고향인데 열네 살에 어머니가 세상을 떠나자 소학교만 졸업하고 무작정 서울로 왔다. 세브란스병원 부설 간호사 양성소에 입학하여 간호사가 되었지만 교회를 열심히 다니면서 예수 믿는 학교에서 공부하고 싶은 마음이 간절했던 터였다. 이런 우연한 만남 이후 이아주는 정신여학교 학생이 되었고, 선생 김필례는 보호자처럼 이아주의 뒤를 돌보아 주었다. 이후 필례가 결혼하고 광주로 내려가 살고 있을 때, 1919년 3월 5일 정신여학교 학생들이 대한문 앞에서 만세시위를 주도했는데 이때의 대표적 주도자가 바로 필례의 후원으로 정신여학교에 입학해서 역사를 배웠던 이아주였다. 당시 정신여학교 학생들은 태극기와 함께 관련 중요 서류와 김필례의 역사 강의 노트를 교정의 고목古木인 회화나무 아래에 묻고 만세를 부르며 거리로 나갔다.

이때 필례는 결혼하고 광주에서 시집살이하면서 수피아여학교에 근무하고 있었는데, 인촌 김성수가 광주까지 내려와서 정신여학교 학생인 이아주와의 결혼을 주선해 달라고 부탁했다. 인촌은 대한문 앞에서 정신여학교 학생들이 만세시위를 벌일 때 시위대를 주도하고 있는 이아주를 처음 보았고, 그 뒤 시위 사건으로 법정에서 재판받을 때 그녀의 당당한 태도에 강한 호감을 갖게 되었다고 했다. 재판에서 다른 학생들은 관대한 처분을 받고 풀려났지만 이아주는 일본인 법관에게 조선 독립을 위해 계속 일하겠다고 강변하여 실형 선고를 받았다. 6개월의 실형 선고와 그해 열린 공소재판에서도 당당한 이아주의 형이 확정되는 과정을 지켜본 인촌은

이아주에게 더욱 매료되었다. 이아주는 복역 중 이하선염耳
下腺炎으로 병보석이 되어 세브란스병원에 입원했는데, 철창
속에서 느낀 바를 시로 발표하기도 했다. 이아주는 자신의
강렬한 조국애와 민족애는 정신여학교에서 김필례 선생으
로부터 받은 역사 교육에 힘입은 바 컸다고 훗날 여러 차례
술회했다고 한다.

인촌의 중매 부탁을 받은 김필례는 기독교 신자가 아닌 인
촌의 종교 문제, 처녀를 부인이 죽은 재취 자리로 시집 보내
는 것에 대한 내키지 않는 마음 등으로 거절했으나 후에 인
촌이 안동교회(서울 안국동 소재)에서 세례를 받고 그 세례 증명
서를 당시 동아일보 사장으로 있던 친구 고하 송진우가 가
져오자, 그 진심을 알고 적극 추진하여 1921년 1월 30일 인
촌과 이아주는 서울 YMCA 강당에서 결혼식을 올리게 되었
다. 김필례와 부군 최영욱이 청첩인이 되었고, 이들의 인연
은 이어진다.

당시 신여성의 생활이나 사고방식은 대체로 자유분방해
자유연애를 주창하고 또 실천하는 게 일반적이었다. 그러나
젊은 김필례의 유학 생활은 매우 이성적이고 자기 절제가
강하며 신앙으로 잘 단련된 삶이었다. 꽃다운 나이, 한창 연
애 감정이 싹틀 나이에 실제로 연애편지도 많이 받았고 구
애하는 남학생도 많았지만 개화기 신여성이 흔하게 걸어갔

던 삶과는 거리가 먼 길을 택했다. 매우 보수적이고 자기 절제가 강한 여성으로서 독자적인 길을 걸었던 것이다. 혹 신앙이 선생을 버티고 지탱하게 해준 원동력이었을 수도 있겠다. 그러나 당시 많은 신여성이 기독교 신앙을 가지고 있었던 만큼* 꼭 신앙만의 문제는 아닌 것 같다. 어느 한 가지를 강조하기보다는 개인의 기질과 기독교적 가풍에서 배우고 습득한 가치관, 자란 환경에서 자연스럽게 몸에 밴 민족적 자존감 등이 어우러진 가운데 형성된 절제와 자존의 인품이라고 생각한다.**

---

* 한 예로 주세죽(1901~1953, 박헌영의 아내)은 독실한 기독교 신자로서, 서울에서 공산주의자 박헌영과 만나 결혼했으나, 역사와 이념의 소용돌이 속에 우여곡절 끝에 모스크바에서 그들 부부의 동지 김단야와 다시 결혼해 살게된다. 김단야는 소련에서 일제 스파이로 몰려 사형당하고, 주세죽은 박헌영과의 사이에서 낳은 딸에게도 외면당하면서 서럽게 살았다. 유형살이를 하면서 당시 북한의 제2인자가 된 옛 남편 남로당 지도자 박헌영에게 탄원을 했으나 박헌영은 그녀의 존재를 인정하지 않아 카자흐스탄의 크질오르다에서 유형을 살다가 병사한다. 크질오르다는 지금도 한국인들이 많이 모여 사는 곳이다. 조선희의 『세 여자』(한겨레출판, 2017)는 주세죽과 김단야의 아내 고명자, 그리고 북한에서 문화부수상을 지낸 허정숙, 세 여자의 삶을 그린 작품이다.

** 한 연구자는 김마리아가 여성 독립운동가로 성장할 수 있었던 세 가지 이유를 첫째, 한국 최초의 소래교회에서 얻은 주체적인 기독교 신앙, 둘째, 해서(海西) 제일학교(소래교회에서 세운 학교로 금세학교로 발전, 매켄지 사후에 정식으로 1895년 해서 제일학교로 개교)에서 배운 애국 정신과 애국 사상의 세례, 셋째, 집안 분위기를 꼽고 있다. 이 세 가지는 어린 시절을 함께 자라면서 소래학교를 다녔고 평생을 서로 의지한 한 살 위 고모인 김필례에게도 그대로 적용된다.

동경의 여자학원 내 일본 학교에 들어간 그 이듬해 나는 대학부에서 전수하게 되었고 학생 YWCA 부회장을 맡기도 하고 세례도 받았다. 대학부 학생이 무려 사백 명이나 되었는데 그 숫자는 당시만 하더라도 엄청난 학생 수였다. 나는 항상 한복을 단정스레 입고 다녔다. 사백 명 중 유독 나 혼자만의 조선옷이었기 때문에 일본인 학생들의 눈총을 받기도 했다. 그러기에 항상 언행에 조심스러워야 했고, 또 한국 사람으로서의 긍지와 자부심을 살려야겠기에 나 자신이 그들보다 뛰어나길 노력했다.

동경의 여자학원에 유학한 지 삼 년 만에 나는 잠시 귀국했다. 귀국 후 남산 밑 세브란스병원 옆에 있었던 집에서 넷째 오빠의 병간호를 보다가 다시 도일할 기회가 생기게 되었다. 좀 더 배워야겠고 좀 더 노력해야겠다는 악착같은 미련이 있었던 때문이었다. 모교인 정신여학교의 기금과 동경 유학 동창회 회비로 학비 조달이 되었다. 그때 재일 유학생 수는 육백여 명 정도 되었다. 나는 그중의 유일한 여학생이었으므로 남학생들로부터의 팬레터나 구애의 편지가 여간 많지 않았다. 그러나 나는 그것을 거들떠보지도 않았다. 오직 공부에만, 오직 조국에 나가서 새로운 횃불로 일하기 위한 일념이었기 때문이었다. 하나 우리나라 유학생들의 그러한 행동을 나는 탓하지도 않고 기숙사 사감에게 알리려는 생각도 없었다. 왜냐하면 다 같은 한국 사람이었기 때문에 일본인 사감 또는 일본인에게 말하고 싶지 않았기 때문이었다.

유학 시절을 회고하는 이 글에서 김필례의 자기 단련과 자기 절제, 이타심과 신앙, 한국인으로서의 자존감 등을 읽게 된다. '내가 지는 것이 아니라 조선이 지는 것', '나의 영광은 곧 조선의 영광'이라는 식의 생각을 주입하는 자기 단련이 체질화되는 과정을 볼 수 있다.

이런 젊은 필례의 기질을 보여 주는 일화가 하나 더 있다. 유학 중 선생이 다니는 일본인 교회에서 피아노 반주자를 선정할 때의 일이다. 추천한 일본 학생마다 풍기 문란, 남녀 관계에 문제를 일으켜 교회에서는 식민지인이라는 이유로 추천하지 않았던 필례를 추천할 수밖에 없게 되었다. 처음 교인들에게 소개할 때 목사가 '가네金 상'이라고 소개하자, 그 자리에서 일어나 "저는 오늘부터 예배 시간에 피아노 반주를 맡게 된 조선 사람 김필례입니다"라고 당차게 고쳐서 소개를 해 조선 사람으로서의 자존감과 기개를 보여 주었다.

또 필례는 일본 여자학원에서 배운 것이 아주 많았다고 생각했는데, 특히 교장 야지마 카지코矢島楫子는 인품과 덕망이 높아 학생들뿐 아니라 많은 일본인들도 존경하는 인물이었다. 필례 또한 그 교장선생의 가르침을 받을 수 있었던 것이 아주 큰 행운이었다고 생각했다. 야지마 교장은 필례를 많이 배려해 주었고, 바쁜 가운데도 자신의 방에 불러 개인적으로 이야기 나눌 기회도 수시로 만들었다. 그러면서 필례는 무엇보다도 일생을 살아가는 중요한 지침인 '선공후사

先公後私'의 정신을 배운다. 비록 원수의 나라 사람들이지만 그들이 갖고 있는 정신, 공동의 이익, 공동의 선을 앞세우며 그것에 몸을 던질 수 있는 철저한 정신은 본받을 만하다고 생각한 것이다.

앞에서 잠깐 언급한 대로 1915년 4월 3일 동경 여자 유학생 십여 명이 모여 동경여자유학생 친목회를 조직하고 김필례를 회장으로 추대했다. 이 친목회는 단순한 친목회가 아니라 한국 여성계의 광명이 되어 스웨덴의 여성해방론자 엘렌 케이Ellen Key와 같은 이상적 부인의 삶을 창조하는 데 목적을 두었다. 이 친목회가 조직된 다음 달인 5월에 본교 루이스Margo L. Lewis, 손진주 교장*의 추천을 받은 조카 김마리아가 여자학원으로 유학을 와서 고모가 회장으로 활동하는 이 친목회에 가입하여 활동했다. 루이스 교장은 정신여학교 출신 졸업생 중에 성적이 우수하고 신앙심이 두터운 사람들을 뽑아 미국과 일본 등지로 유학을 보냈는데, 처음에는 선교회의 지원을 받았으나 학생들이 늘어나자 사재를 털어 충당할 정도로 열심이었다. 여기에는 특히 미국에 있는 변호사인 루이스 교장의 아버지 도움이 컸다. 마리아가 일본으로 유학 온 이유는 고모인 필례가 이미 일본에서 유학하고 있었던 점도

---

* 1910년 한국에 와서 1911년부터 정신여학교 교사로, 1912년에 교장이 되어 1939년까지 젊음을 정신을 위해 바친 미국 선교사이다. 해방 후 김필례의 제의로 명예교장으로 추대되었고, 연지동에 새로 지은 과학관을 그의 이름을 따서 루이스관으로 명명했다.

컸고, 비록 남의 나라에서 공부하더라도 가까운 나라에서 공부하며 나라에서 필요할 때 쉽게 올 수 있는 곳을 택했기 때문이다. 그런데 김필례는 졸업과 동시에 모교 교장의 부름을 받아 1916년 3월 귀국하게 된다.

　원래는 동경의 여자학원을 졸업하고 학교에 남아 학생들을 가르치기로 되어 있었다. 학교에서도 그러한 조건으로 영화음악전문학교를 동시에 다닐 수 있도록 배려했던 터였다. 그러나 정신여학교의 루이스 교장이 동경까지 찾아와 여자학원의 야지마 교장에게 이 학교는 김필례가 없어도 되지만 정신여학교는 김필례가 없으면 안 된다고 설득하며 의무적으로 근무할 오 년을 정신여학교에서 근무할 수 있도록 간청했던 것이다.

　필례가 귀국한 후 김마리아가 친목회 회장을 맡아 활발하게 운영했다. 도쿄는 물론 요코하마橫浜, 고베神戸 등지의 일본 여자 유학생들을 회원으로 영입하고 우리나라 최초의 여성 유학생 교양 잡지 『여자계』(1917년 12월 창간)를 출간했다.

　사실 1910년 한일병합이 되면서 필례의 국비 장학금 지원이 끊어졌다. 학무국장 자리에 있으면서 학비를 보내 주던 윤치오가 그 자리에서 물러났기 때문이다. 학비 해결이 가장 시급한 문제가 되자, 필례는 할 수 없이 오빠 김필순에게 편지를 보냈다. 그런데 편지가 필순에게 닿기도 전에 필순에

정신여학교 제16회 졸업생 일동. 앞줄 중앙이 루이스 교장, 뒤가 교사 김필례. 1924년.

게서 먼저 편지가 도착했다. 일본에서 하던 공부를 계속하라는 내용이 들어 있었다. 필례와 오빠 필순의 서로에 대한 배려와 이해, 사랑을 보게 되는 대목이다. 필순은 조카 덕룡을 서둘러 귀국시켰다. 덕룡은 귀국하여 광산에 서기로 취직했는데 필례로서는 한편 미안하고 마음이 아픈 일이었을 것이다. 필순의 망명 후 필례는 모교인 정신여학교와 동경유학생 동창회에서 학비 후원을 받았고, 여자학원 동창회 장학금을 받기도 했다. 또한 여자학원 측에서도 필례의 학업이 중단되지 않게 장학금을 지급했다. 그 결과 오히려 필례가 일본어를 배우는 데 도움을 준 일본인 친구 세키 야스코關安子를 한동안 도와줄 수 있을 정도로 여유가 생겼다.

3

독립운동과
가문

유학생 출신 교사이자 활동가였던 선생님은
세간의 예상과는 달리
보수적으로 가정을 우선시함으로써 전통사회의 인정을 받고
그 인정을 바탕으로
조국의 독립과 여성의 사회 기여라는
새로운 제안들을 관철시켜 나가고자 했습니다.

− 전동현 −
(정신여자고등학교 1983년 졸업,
정신학교역사박물관 전문위원)

집안에서 가문을 빛낼 자제를 그토록 열망했던 아버지와 출중했던 셋째 오빠는 비록 일찍 세상을 떠났지만, 결과적으로 남아 있는 자녀들이 그 뜻을 충분히 이어받아 격변하는 시대의 선두에 서서 새로운 가치관을 창출하고 새로운 종교, 새로운 교육의 선구자로서 광산 김씨 가문을 빛냈다. 동시에 일제에게 박탈당한 국권의 회복을 위해서 집안 형제들이 남녀를 따지지 않고 선봉에서 항일운동을 수행함으로써 우리나라 근대사에서 드물게 보는 독립운동의 가문으로 남을 수 있었다.

광산 김씨 집안에서는 조카 김마리아를 비롯하여 오빠 김필순, 큰언니 김구례의 남편 서병호와 아들 서재현, 셋째 언니 김순애와 그 남편 김규식 등 독립유공자로서 수훈된 이가 여섯 명*, 김필순으로 시작되는 의사**가 다섯 명, 김필례를

---

* 국가보훈처는 삼일운동, 대한민국 임시정부 수립 100주년을 맞아 '2019년 이달의 독립운동가'를 선정, 달력을 만들었는데 2월 독립운동가는 김마리아, 5월 독립운동가는 부부 독립운동인 김규식, 김순애였다(『조선일보』, 2018.12.28). 예수교장로회에서 제작한 2019년도 달력 12개월 가운데 다섯 개월에 정신여학교 관련 인물들과 사건이 실렸다(신의경, 정신여학교, 김필례, 김마리아, 여전도회 신사참배 반대운동 등).

** 김필순은 언더우드의 영향으로 기독교에 눈뜨게 되고, 에비슨으로부터 서양 의학에 눈뜨게 되면서 우리나라에 기독교와 서양 의학의 토착화에 중요

비롯한 교육자가 여러 명이었으니 가히 독립운동, 민족계몽
운동을 통해 한 나라와 사회를 이끌어 간 명문가라 하겠다.

　김필례의 큰조카 김함라의 남편 남궁혁과 큰시숙 최흥종
은 기독교계에서는 물론 민족 지도자로 위대한 목사들이었
다. 성장하면서 보여 준 필례의 적극적 자세, 도전하고 극복
해 가는 삶의 자세, 한국인으로서의 자존감 등은 집안의 분
위기와 무관하지 않다. 김필례 집안을 오랫동안 깊이 연구해
온 박용옥 교수는 집안의 두 여성, 필례의 어머니와 큰올케
의 역할을 강조하고 있다.

> 선생 집안의 두 과부인 어머니와 큰올케(김몽은, 김마리
> 아의 어머니)의 진취적이고 개방적인 정신은 김씨 집안
> 을 일으키는 원동력이었다는 점에 우리는 주목해야 한
> 다. 여러 자녀들을 고루한 관습대로 기르지 않고 시대를
> 뛰어넘는 개척자적인 진취성으로 자녀들을 지도 교육하
> 였다. 이들은 남편이 사망하자 곧 따로 분가하여 자녀들
> 과 독립된 생활을 하면서 자녀들을 한결같이 위기의 시
> 대를 이끄는 훌륭한 인물들로 키웠다.

한 역할을 했다. 그런 만큼 그의 집안에 세브란스 출신 의사들이 유난히 많
은 것이 우연은 아닐 것이다. 세브란스병원 의학교 제1회 졸업생인 김필순
을 비롯하여 필순의 큰형 김윤방의 둘째 사위인 방합신이 5회, 김필순의 둘
째 형 김윤오의 사위 고명우(고황경의 부친)가 3회, 김필순의 첫째 여동생
김구례의 시아주버니 서광호가 2회 졸업, 여동생 필례의 남편 최영욱은
6회 졸업생이다.

집안의 다른 인물들에 대해서 기회 있을 때마다 언급하게 되겠지만 여기서는 가장 우애가 깊었던 오빠 김필순과 언니 김순애, 그리고 친구 같고 동지 같았던 조카 김마리아 중심으로 살펴보고자 한다.

김필순

오빠 필순은 어려서 한학을 공부했으나, 1886년 언더우드를 만나면서 기독교를 접하게 되고 1894년 언더우드로부터 세례를 받았다. 언더우드와 함께 서울로 온 필순은 배재학교를 마치고 세브란스병원을 창설한 에비슨 박사의 통역으로 우리나라 최초의 서양 병원인 제중원濟衆院에서 주로 선교사들의 통역이나 조수 역할을 하면서 스승 에비슨의 강의를 돕고 의학 서적을 번역하는 등의 일을 했다.

김필순은 재학 당시 이미 안창호 등과 친형제 이상의 의형제로 독립운동에 적극적으로 간여, 국권회복운동으로서 신민회 조직에 적극 참여하며 뜻을 같이하는 동지들을 모아 신민회 사업을 논의했다. 신민회의 원대한 사업 목적은 나라가 일제 식민 지배 하에 떨어지는 위기에서 국권 회복의 길을 찾아 국외에 독립운동 기지를 건설하는 것이었다. 그들은 국외로 망명해 만주 몽골 일대의 드넓은 황야에 독립 기지를 건설하여 농사를 짓고 독립군을 양성할 군관학교를 설립하며, 자제들을 교육할 학교를 세워 독립을 착실히 준비하고자 했다. 1911년 중국에서 신해혁명이 일어나자 거기에 참여할 결심을 하는데, 같은 해 '105인 사건' 연루 인물로 검거될 위험에 처하자 김필순은 만주로 망명하게 된다. 그때쯤이었던 것 같다.

> 동경의 여자학원에 유학한 지 삼 년 만에 나는 잠시 귀국했다. 넷째 오빠 김필순은 항상 쫓기는 몸이었다. 1910년 한일합방이 되고 도산 안창호 선생 등이 주동이 되어 총독 데라우치 마사타케寺內正毅 암살 음모를 꾸민 105인 사건에 관련되었기 때문이었다. 항일투쟁에 가산까지 탕진되고 마침내는 일경 등쌀에 병겨 눕게 되었는데도 나를 위해 부산까지 마중나와 주었다. 그때 처음으로 라이스 카레를 오빠가 사주었는데 그렇게 맛있을 수가 없었고 지금도 라이스 카레만 보면 그때의 넷째 오빠의 얼굴이 선해서 눈시울을 적시게 된다.

쫓기면서도 여동생을 마중나오는 오라버니의 사랑, 그리고 오누이의 우애와 믿음이 드러나는 대목이다.

만주로 간 필순은 이동녕·이회영 등이 활동하고 있던 서간도 통화현通化縣 등 몇 군데 근거지를 옮기면서 병원을 개업하고 이상촌 건설과 독립군 양성 계획에 착수했다. 자신이 계획한 사업을 추진하기 위해 동지가 필요했던 필순은 동경 유학 중인 동생 필례라면 훌륭한 동지가 될 수 있다고 생각하여 자신의 가족을 데리고 통화현으로 오라고 기별을 했다. 필례는 오빠의 독립운동에 참여하고자 귀국했지만 어머니 안 씨가 학업을 먼저 마쳐야 한다며 강력히 반대하여 순애 언니가 오빠의 가족들을 데리고 서간도 통화현으로 가고 필례는 그저 배웅할 도리밖에 없었다.

필순은 1916년쯤에 다시 몽골 접경지인 흑룡강 성의 치치하얼齊齊哈爾로 이동하여 백삼십여 리가 넘는 광대한 토지를 매입했다. 그리고 빈민 농가 서른 가구를 집단 이주시켜 농사를 짓게 하는 등 이상촌 건설과 독립군 양성 작업에 착수하고, 이 사업들을 위해 형 윤오와 어머니도 오게 했다. 이상촌 사업에 손이 모자란 필순은 동생 필례가 세브란스 출신 의사와 결혼한 것을 알고 동생 부부에게 치치하얼로 들어와 함께 일할 것을 권유했다. 이런 집안 분위기였던 만큼 이번에는 필례도 신혼의 남편과 같이 오빠의 개척사업과 독립운동에 동참하고자 치치하얼로 갔다. 이런 배경에는 오빠와의 우애는 물론이고 제중원 사택에 함께 살면서 김필순이 안창호·여운형·김규식·서병호 등 애국지사·독립운동가 친구들과 어울리고 회의하는 것을 보고 들으면서 형성된 애국심과, 윤오·필순 형제가 함께 세웠던 '김형제 상회' 2층에서 김규식·노백린·이동휘·이갑·윤치호·유길준 같은 애국지사들이나 각처 대표들이 모여 시국을 논하면서 국권회복운동의 본거지가 되었던 환경 등이 자연스럽게 영향을 미쳤을 것이다. 집안의 종교인 기독교의 힘과 당시의 시대적 상황, 특히 구한국 군대 강제 해산 등은 이들의 애국심을 더더욱 자극했을 것으로 보인다. 여기서 우리나라 최초의 여전도사라고 말하는 김필례의 어머니 안성은*의 역할도 컸다.

구한국 군대 해산 사건 때 부상자들이 많아서 김필순의 어머니와 여동생들, 조카들이 모두 동원되어 간호했다. 그전까지 여자가 남자를 간호하거나 치료한 경우가 매우 드물었던 만큼 그것이 한국 간호 역사에서 매우 중요한 사건이 되었음은 비교적 잘 알려져 있는 사실로 앞에서 언급한 바 있다.

김필순은 만주 치치하얼에서 이상촌을 짓고, 주변에 있던 조선 청년들을 모아서 독립군을 양성하려고 한창 준비하던 중 의사를 가장해서 몰래 들어온 일본 특무가 독을 넣은 우유를 먹고 사망했다. 그때가 1919년 여름이었는데, 아들 김필순이 독극물 때문에 죽었다고 따지고 항의하면 일본 경찰이 가만 놔둘 리 없고 온 가족이 몰살당할 수도 있다고 생각한 어머니 안성은과 아내 정경순은 김필순이 콜레라로 죽었다고 자식들을 전부 속였다고 한다. 《독립신문》에도 기사가 났는데 독립투사를 강조하기보다 그냥 콜레라로 죽었다고 했다. 자식들과 가족을 보호하기 위한 어머니와 아내의 처사

---

* 안성은은 언더우드의 부인과 오웬(Georgiana W. Owen) 선교사 등과 함께 전도부인으로 활동하였다.

였다. 동생 필례도 오빠 필순의 죽음이 콜레라 때문이었다고 말했을 정도였다.

그런데 당시 만주 지역에 콜레라가 창궐한 때는 1910년 대 초였으니 학계에서도 "김필순의 사망은 김규식과 연결되어 독립선언을 적극적으로 해외에 알리면서 독립운동 기지를 병행하여 건설하려 했던 그의 활동을 방지하기 위함", 즉 일제의 독살 때문으로 보고 있다.

당시 치치하얼 일본 영사관에서 조사한 정보 문서에는 김 필순이 1916년 8월경 통화를 떠나 치치하얼로 왔고, 1919년 8월 31일 사망한 것으로 파악하고 있다. 그 전해 10월경 김 필례가 남편과 함께 치치하얼을 떠났고 그로부터 약 열 달 후 김필순이 독살당했으니, 만약 필례 부부가 그대로 치치하얼에 있었더라면 그 위급한 순간을 의사인 최영욱이 잘 처리할 수 있지 않았을까 하는 아쉬움이 든다.

김필순 사후에는 독립운동과 독립군 양성으로 인해 남겨 놓은 재산이 없어 가족들은 큰 어려움을 겪게 된다. 가족들이 뿔뿔이 헤어지게 되는 가운데, 첫째 아들 덕봉(김영)의 교육을 김필례 부부가 맡기로 한다. 부부는 덕봉이 의사 공부를 하면 집안을 꾸려 갈 수 있을 거라고 생각했다.

이렇게 독립운동을 하면 집안의 재산이 다 없어져서 그 후 손들은 가난하게 살 수밖에 없는 경우가 많았는데, 김필순의 집안도 예외가 아니었다. 덕봉은 중국에서 의과대학에 진학하여 아버지처럼 의사가 된다. 처음에는 아버지 김필순이 나온 세브란스 의대에 들어가려 했으나 필순이 세브란스에 있을 때 독립운동에 깊이 관여했기 때문에 불온사상자의 자녀로 분류되어 입학이 허락되지 않았다. 설령 입학 허가가 나오더라도 덕봉이 중국에서 나서 자랐기 때문에 일본어로 하는 강의를 제대로 소화해 낼 수 없을 것이라는 이유로 어쩔 수 없이 산동의대에 입학했다가 후에 봉천의대로 편입, 졸업하여 의사가 된다. 그러나 그는 캐나다 선교회가 간도 용정에 설립한 제창병원에 근무하다가 1937년 설날에 갑자기 세상을 떠났다. 당시 서른여섯 살의 젊은 나이였다.

김순애

　　필례의 언니인 김순애와 김규식*의 결혼도 남
녀 간의 사랑보다는 동지로서의 결합이라는 의미가 더 커 보
인다. 이들은 1919년 1월 중순 남경南京 어느 선교사 집에서
서너 명의 증인을 두고 결혼식 대신에 신에게 서약하는 서
약식만 하고, 사진 한 장만 찍고는 결혼한 당일로 상해에 가
서 김규식의 파리 파견 문제를 의논한다. 고향 신부 집에서
보내 온 수백 원의 지참금은 김규식의 파리 여비로 쓰였다.**

　　그런데 서병호가 김필순·김규식과 연락할 때 연락책이
김순애였다는 견해도 있고, 새문안교회에서 선교 활동을 할

---

* 　우사(尤史) 김규식(1881.1~1950.12)은 우남 이승만, 백범 김구와 함께 한국 현
　대사에 큰 족적을 남긴 세 영수 중 한 사람이다.

** 김순애·김규식은 상해의 한 여관에서 주례 크네이 목사와 큰형부 서병호가
　참석한 가운데 결혼했다고 한다. 이들의 결혼은 서병호의 중매로 이루어졌다
　고 한다. 상해임시정부 부주석이었던 김규식 박사는 상처 후 아홉 살 된 아들
　이 있었는데, 파리강화회의에 한국 대표로 가게 되었을 때 친구인 서병호에
　게 두고 가는 아들 걱정을 했다. 그러자, 이때 서병호가 자신의 처제를 소개하
　여 두 사람이 결혼하게 됐다는 것이다.

당시부터 돈독한 친분을 유지해 온 만큼 이 두 사람은 이미 서로 잘 알고 있었다는 견해도 있다. 또한 다른 독립투사들이 김순애에게 권하기를 파리강화회의에 참석, 독립을 호소하게 될 김규식을 위해 "자네가 좀 희생을 해줘야 되겠네. 아들을 키워야 하지 않겠나. 아버지가 못 돌아올지도 몰라"라고 하였다는 얘기도 있으니, 관련된 일화를 보더라도 이들의 결혼은 동지애가 우선하는 성격이 강했던 것 같다.

1919년 4월 17일 상해임시정부가 수립되고 다음날 18일에 임시정부 전권의 자격으로 파리강화회의에 파견된 김규식은 열국 대표 앞에서 대한의 독립을 제창하고 일제의 침략 행위를 만방에 호소, 폭로한다. 최근 발견된 프랑스 정부 기록에 따르면 1920년 무렵 파리에서 활동하던 대한민국 임시정부 요원들이 베트남 독립운동가이자 전 베트남 국가주석 호찌민Ho Chi Minh, 1890~1969과 가깝게 지내며 도움을 주었다고 한다. 보고서에 따르면 "한국 대표단은 1919년 4월 대한민국 통신국을 열어 홍보물을 제작했는데, 이들은 호찌민이 이 통신국을 자유롭게 쓸 수 있도록 했다"는 것이다. 또한 당시 파리위원부 대표였고 후일 임시정부 부주석이 된 김규식도 호찌민을 적극 도왔다고 한다. 1920년 작성된 보고서에는 "호찌민이 프랑스에서 기고한 글들이 중국에서 번역돼 출판됐는데, 호찌민이 김규식한테 부탁해 이뤄진 것"이라고 되어 있다.

김순애는 소래에서 태어나 정신여학교를 졸업(3회)하고 부산 초량소학교 교사로 재직 중 집에서 비밀리에 학생들에게 한국 역사를 가르치다 발각되어 위협을 느끼자, 오빠 김필순이 활동하고 있는 중국 통화현으로 망명했다. 그 후 남경으로 이주하여 명덕여자학원에서 수학했고 김규식을 만나 결혼하게 되었다. 상해에서 대한애국부인회를 조직하여 회장으로 일했으며, 서울과 평양에서 조직된 애국부인회와 협력하여 독립 자금을 모금하여 임시정부를 지원하고 독립운동 가족을 뒷바라지하며 상해 한인여자청년동맹의 간부로 활약했다. 중국 시민권이 있었던 김순애는 그곳 중국인 사회에서 '흑룡강을 호령하는 여장부'라는 별명까지 얻었다.

네 자매가 함께한 사진. 왼쪽부터 김필례, 김노득, 김구례, 김순애. 1945년경.

광산 김씨 가족사진. 앞줄 왼쪽부터 서재현(서병호의 아들), 서옥윤(서병호의 딸), 서효애(서병호의 형 서광호의 딸), 김명진(서재현의 부인). 뒷줄 왼쪽부터 김순애(김필례의 셋째 언니, 김규식의 부인), 서병호(김필례 첫째 언니 김구례의 남편), 김필례, 김함라(김윤방의 장녀, 김마리아의 큰언니), 김덕상의 부인. 서 있는 이는 김덕상(김필례의 오빠 김필순의 넷째 아들). 1965년.

김마리아

선생의 조카이자 독립운동가로 잘 알려진 김마리아에 대한 이야기는 두 사람의 삶 가운데서 고모와 조카라는 가족 관계나 정신학교와 결부된 일들뿐만 아니라 정신적 동지로서 빼놓을 수 없는 것들이 많다.

김마리아는 고모 김필례보다 한 살 아래로, 다섯 살 때 아버지 김윤방이 세상을 떠났다. 열 살 되던 1901년에 소래학교를 졸업했다. 1905년 겨울, 열네 살 때 어머니 김몽은이 복막염으로 세상을 떠나자, 어머니 장례를 치른 후 이미 정신여학교에 다니고 있던 언니들과 함께 그 이듬해인 1906년에 서울로 온다. 서울에는 이미 순애와 필례 두 고모가 연동여학교, 지금의 정신여학교에 다니고 있었던 만큼 김마리아도 1906년 열다섯 살 때 연동여학교로 전학 오게 된다. 삼촌 김윤오가 처음에 이화학당에 데려갔으나 마리아가 안정을 찾지 못하자, 고모와 언니가 다니는 연동여학교로 옮기게 된 것이다. 이때 김필례는 삼 년 전에 연동여학교에 입학했던 만큼 다음해 제1회 졸업생이 되고, 김마리아는 4회로 졸업한다. 두 사람은 한 살 차이밖에 안 나는 데다 연동여학교에서 일 년간 기숙사 생활을 함께한 만큼 한자매나 다름없는 사이였다. 김마리아가 입학한 지 일 년 뒤인 1907년 6월 16일에 연동여학교 제1회 졸업생이 된 고모 필례는 졸업 후 교장의 권유로 연동여학교 수학 선생이 되었다.

삼 년 후 김마리아는 졸업하고 곧바로 광주 수피아여학교 교사로 부임, 삼 년간 교사로 있다가 루이스 교장의 권고와 주선으로 1914년 일본으로 유학을 가게 된다. 당시 일본에는 고모 김필례가 동경 치요다구千代田區에 있는 북장로교파 선교사들이 운영하는 여자학원女子學院에 다니고 있었다. 마리아도 히로시마広島의 금성학원金星學院을 거쳐 이 학교에 입학할 예정이었다. 이들은 그 후 일 년간 같이 지낸다. 김필례는 1916년 졸업 후 정신여학교 교사로 온다.

1918년 최영욱과 결혼한 김필례는 독립운동과 이상촌 사업을 하고 있는 오빠 필순의 초청으로 치치하얼로 간다. 신혼의 김필례는 치치하얼에서 임신으로 입덧이 심해 몸이 약해지고 조국에 있는 시어머니의 상황도 편치 않아 귀국, 광주로 돌아온다. 다음해인 1919년 조카 김마리아가 광주로 찾아와서 필례는 만삭의 몸으로 김마리아의 은밀한 과업을 돕게 된다. 산달이 가까워 한참 몸이 무거운 1919년 2월 중순경 뜻밖에 일본 여성으로 변장한 조카 김마리아가 찾아왔던 것이다.*

당시 마리아는 일본 유학 중이었는데, 동경 유학생 중심으로 이팔(2·8)독립선언이 있었던 직후였다. 세계 정세는 1918년 제1차 세계대전이 종식되자 전후 수습을 위한 방략의 하나로 민족자결론**이 제시되고 새로운 세계질서를 잡아 가는 기운이 감돌던 때였다. 이에 맞춰 동경 유학생들도 힘을 결집하여 1919년 2월 8일 이팔독립선언을 하고 히비야日比谷 공원에서 대한독립 만세를 외쳤다. 이로 인해 선언서에 서명한 대표자를 비롯하여 많은 사람들이 체포 구금되었던 만큼 김마리아를 비롯한 몇몇이 국내 독립만세 운동을 위해 활동하는 임무를 띠고 비밀리에 귀국한 것이었다. 마리아는 졸업을 앞두었지만 동경에서 비밀리에 이팔독립선언서를 국내로 가져오기 위해 "여성이라 검열과 수색이 덜할 테니 내가 조국으로 가져가 전파하겠다"며 스스로 나섰다. 적발되면 목숨이 위태로울 정도의 위험한 임무였다. 개인적으로는 졸업이 가까운 학교를 포기하는 것이기도 해서 그에 대해 아쉬움을 나타내

* 이때 김마리아와 함께 순애 언니와 구례 언니의 남편 서병호가 함께 광주로 찾아왔다고 했다. 김마리아가 현해탄을 건너 부산에 내렸을 때 서병호와 김순애가 상해로부터 오는 배에서 거의 같은 시각에 내리게 되어 부두에서 서로 만났다고 한다. 형부 서병호는 경신학교 1회 졸업생으로 상해임시정부와 신한청년당을 조직하여 당수가 되었고, 육이오전쟁 후에 경신학교 교장으로 있으면서 학교 재단 설립 신청 시 정신여학교 교장이 된 김필례를 많이 도왔다.

** 동경 유학생들의 이팔독립선언과 삼일운동은 미국 대통령 윌슨(Thomas Woodrow Wilson)의 '자기 결정(self-determination)'을 '민족자결'로 해석하면서 민족적 거사로 커졌다.

는 고모 필례에게 마리아는 "나라도 없는 마당에 졸업은 해서 무얼 해요?"라며 당차게 일축했다. 몇 해 전 필례는 학업을 계속해야 한다는 어머니 말을 따르느라 오빠 필순이 있는 곳으로 가지 못했지만, 그때와는 나라의 사정도 달라진 데다 귀국을 만류하는 어머니도 없었던 터라 마리아는 보다 적극적으로 독립운동에 뛰어들 수 있었다. 김필례는 만삭의 몸으로 마리아가 기모노의 오비(허리에 두른 띠) 속에 숨겨 온 이팔독립선언서를 후에 '서석의원'이 되는 집에서 밤새 복사했다.

김마리아는 3월 6일 체포되었는데, 3월 18일 2차 신문 조서를 보면 2월 17일 일본 출발, 광주에 있는 언니에게 들렀다가, 21일 서울에 도착했다고 진술한 기록이 있다. 서울 도착 전에 광주에 갔음을 조서에서도 확인할 수 있다. 당시 관련된 사람들은 김마리아가 가져온 선언서를 광주의 김필례·최영욱 두 사람의 도움으로 복사했다고 기억하고 있다. 김필례의 기억은 서석의원에서 복사했다고 하고, 또 한편으로는 그때는 아직 개업의가 아니었고 서석의원도 생기기 전이라는 견해도 있다. 하지만 1919년에 이미 병원으로 쓸 집에서 살고 있었던 것으로 보아 후에 서석의원이 되는 자택에서 이팔독립선언서를 복사했고, 그런 만큼 '서석의원 지하실'에서 복사했다고 자연스럽게 기억하는 것일 터이다.

당시 정신여학교 학생들은 여성임에도 "그때 조선의 풍운이 험악한 만큼 이 학교를 졸업만 하고 나면 조선을 위해서 생명을 바칠 것은 물론이고 천하에 못할 일이 없는 유명한 인물이 되리라는 것"이 목적과 이상일 정도로 애국애족적이고 선각자적인 여성 지도자 의식을 가졌다. 그런 면에서도 김마리아는 대표적 인물이라 하겠다.

광주에서 이팔독립선언서 수백 장을 복사해서 서울로 간 지 닷새 후인 3월 6일, 김마리아는 운동의 배후자로 체포되어 통감부 감옥에 구금된다. 상상을 초월한 모진 고문을 받았으면서도 감옥에서 나온 후 최초의 전국 규모 여성 독립운동 단체인 '대한민국 애국부인회'를 조직해서 독립운동을 이어간다. 애국부인회는 전국에 열다섯 개 지부를 두고 국권 회복을 위해 독립운동 자금을 모금해 상해임시정부에 전달하는 등 비밀리에 군자금을 걷어 독립운동가들을 돕고 있었는데, 그러던 중애국부인회 간부이자 김마리아와 절친한 오현주의 밀고로 임원 오십이 명이 일경에 체포되어 대구로 압송되었다.

이때 김마리아는 삼 년형을 받고 복역하는데, 막대기로 계속해서 머리를 심하게 때리는 고문으로 머리에 구멍이 생겨 진물이 나오고 고막이 터졌다. 또한 귀와 코에 고름이 차는 메스토이병에 걸렸다. 이때의 고문 후유증으로 사경을 헤매게 되자 병보석으로 가석방돼 1920년 세브란스병원으로 옮겨졌고, 이듬해 동지들의 도움으로 중국으로 망명한다.

상해에 간 김마리아는 상해임시정부 최초의 여성 대의원

에 선임된다. 안창호가 "김마리아가 열 명만 있었으면 우리 나라는 벌써 해방이 됐을 거다"라고 말했을 정도로 큰일을 한 마리아는 상해에서 독립운동에 매진하다가 더 큰 독립운동을 위해 1923년 미국으로 간다.

1926년 봄, 미국 유학 중이던 필례는 마리아가 있는 파크대학Park University으로 찾아가서 만났다. 필례는 마리아에게 악형을 가했던 일본인 가와무라河村靜水 검사가 뉴욕에 있으니 만나 보자고 제안했다. 가와무라는 호텔로 두 여성이 찾아오자 처음에는 크게 당황하다가 이들의 태연한 태도에 곧 안정을 찾으며 얘기 끝에 형 만료 법정 시효가 십 년이므로 그 이후에는 귀국이 가능할 것이라 설명해 주었다.

마리아는 1927년 말에 뉴욕으로 와서 필례의 뒤를 이어 1928년 9월 컬럼비아대학교Columbia University 대학원에 입학했다. 마리아는 미국에서 가정부, 필사원, 도서관 사서 등 온갖 일을 하며 학비를 조달, 고모인 필례가 다니던 컬럼비아대학교에서 석사 학위를 받고 다시 신학을 공부한 후 1932년 나이 마흔을 넘겨 고국을 떠난 지 십삼 년 만에 귀국한다. 형 만료 법정 시효는 지났지만 일제는 함경도 원산의 마르타 윌슨 신학원에서 성경만을 가르친다는 조건으로 귀국을 허용했던 만큼 마리아가 잠시나마 서울에 머무는 것도 허락하지 않았다. 마리아는 이 학교에 교수로 부임해 건강이 좋지 않은 가운데도 신학을 가르침과 동시에 신사참배를 거부하는 등 학생들에게 민족혼을 심어 주는 교육을 펼쳤다.

　김필례와 마리아는 같은 뜻을 가지고 독립을 위해 매진하였으나 같은 공간, 같은 시간을 나누는 일은 쉽지 않았다. 두 사람의 마지막 만남은 1940년 1월 필례 어머니의 장례식에서였다. 평생을 끔찍한 고문 후유증과 신경쇠약에 시달렸던 만큼 당시 마리아의 건강이 많이 나빠 보여 필례는 마리아에게 병원 진찰을 받고 광주에서 요양할 것을 권유했다.

　이를 마다하고 마리아가 원산으로 돌아간 지 사 년 만에 필례는 조카의 부음을 받게 되었다. 조국의 독립을 위해 한 생을 불살랐던 마리아를 생각하면 여러 회한이 남아 가슴이 아팠다. 마리아의 시신은 유언에 따라 화장을 하고 그 재를 대동강에 뿌렸다. 그녀의 정신이 한국 독립운동사에 길이 남아, 더욱 심도 있고 알찬 연구를 통해 그 위상이 재정립되기를 기대한다.*

---

* 2018년 10월 18일 김마리아 선생(1892~1944)의 발자취를 조명하는 「당신을 잊지 않았습니다: 대한 독립의 별 '김마리아' 기념 학술 세미나」가 여의도 국회의사당에서 개최되었다. 근현대사 전문가들은 동시대를 함께한 애국지사들의 증언과 각종 자료를 토대로 김마리아 선생의 활동상을 연구, 발표하며 그 위상 재정립을 강조했다.

3·1운동 100주년 기념으로 우정사업본부에서
기획·발행한 우표 '여성독립운동가 김마리아'

　2019년 2월에는 여성독립운동가들의 기념우표가 발행됐
는데 김마리아가 포함되었다. 그리고 2019년 2월의 독립운
동가로 '김마리아 선생 공훈 선양 학술 강연회'가 광복회·김
마리아기념사업회 주최, 국가보훈처 후원으로 2월 22일 광
복회관에서 열렸다. 정신여중·고가 있던 연지동 신관 건물을
사들인 서울보증보험은 2019년 5월 24일 이 사옥 앞에서 삼
일운동 백주년 기념 김마리아 선생 흉상 제막식을 했다. 이곳
효제초등학교 버스 정류장 이름은 '연동교회, 김마리아 활동
터'로 명명되었다.

4
광주 시절

김필례 선생님은 매일매일 지극히도
최선을 다해 사셨던 분입니다.
그분의 여성 교육, 기독교 신념을 향한 열정이
지금도 여전히 귀한 울림을 줄 수 있으리라 믿습니다.

– 윤현숙 –

(정신여자고등학교 1957년 졸업,
김필례선생기념사업회 제3대 회장)

김필례는 1918년 최영욱과 결혼하고 광주로 내려와서 살았다. 그렇게 시작된 김필례의 광주와 기독교와의 인연과 그 활동은 삼십여 년 지속된다. 젊은 시절의 많은 부분이 광주와 이어지고 그 안에서 이루어진 것이다. 결혼 후 치치하얼에 가서 산 길지 않은 기간(1918년 하반기 사 개월 정도), 첫아이의 출생과 죽음(1919~1920), 그 후 남편의 미국 유학과 이어진 수피아여학교 교사 생활(1920~1923), 그 사이에 한국 YWCA 창립(1922)을 위한 적극적 활동과 광주YWCA 설립, 모교 정신여학교 교사로 근무(1923~1924)하다가 미국으로 유학(1925~1927) 그리고 귀국 후 수피아여학교 교감 재직(1927~1938), 그 사이에 부인조력회를 창립(1928)하고 수피아여학교 교장 재직(1945~1947)을 거쳐 서울 정신여학교 교장(1947)으로 오기까지, 어느 한 시기도 쉬는 기간이 없었다. 오히려 여러 가지 일을 동시에 했다.

　특히 1920년대 초는 YWCA 설립과 부인조력회(여전도회) 일이 겹치면서 나라 안팎을 오가며 숨가쁠 정도로 바쁜 시간을 보냈다. 그러면서도 틈틈이 금정교회 등지를 중심으로 야학 활동을 했고 번역 및 저술 활동을 했다. 정신여학교 교사와 미국 유학 등으로 오 년 정도 광주를 떠나 있기는 했으나 시대과 기독교의 끈은 계속 이어졌고, 해방 후 수피아여학교 재건 시 교장을 맡았던 만큼 젊은 시절 삼십여 년이 광주 시절이라 해도 과언이 아니다. 그 사이에 조금의 빈틈도 없이 시간을 쪼개고 이어서 많은 일을 지속적으로 동시에 해낸, 가히 쉼 없는 열정으로 이어진 삶이었다.

최영욱과의 결혼 생활

　　　　최영욱 박사와의 만남과 결혼에 대한 일화는 김필례 본인의 회고 내용이 정설처럼 전해지고 있다. 필례는 1915년 일본 유학 중, 고등부 3학년일 때 코뼈가 자라 숨을 쉴 수 없는 비색증鼻塞症이라는 병에 걸려 방학 때 광주기독병원에 입원하여 큰 수술을 받았다. 이 병은 숨이 차고 냄새 맡는 데도 지장이 많았는데 오랫동안 머리를 숙이고 책을 본 데서 생긴 병이라고 했다. 광주기독병원에서는 기독교 신자에게 치료비 할인을 해주었다. 그때 세브란스의학전문학교 학생으로 광주기독병원에 실습을 와 있던 최영욱은 전문 분야가 내과였으나 필례의 병실에도 자주 드나들며 돌보아 주었다. 이 수술은 잘 끝나 병이 완치되어 필례는 다시 일본으로 돌아갔다. 루이스 교장이 정신여학교로 불러들여 서울로 돌아올 때까지 두 사람은 별다른 연락을 하지 없었다.

　필례는 당시로서는 나이가 아주 많은 노처녀였지만 결혼에 대한 주관이 뚜렷했다. 남편감은 자신의 생활 철학, 이념을 실현시켜 줄 수 있는 사람이어야 한다고 생각했다. 이 무렵 최영욱과의 만남이 이루어졌고, 사람됨이나 신념이 자신의 생각을 실현시켜 줄 수 있는 사람이라 믿어져 그와 결혼을 하게 된다. 결혼은 1918년 6월 20일 서울 연동교회에서 이명혁 목사의 주례로 이루어졌다. 두 사람은 동갑이었고 광주에서는 시어머니 공말자 여사와 시숙 최흥종 목사가 참석했다. 날씨는 맑았고 저녁에 열린 피로연까지 모든 것이 '하이 칼라' 스타일이었다.

『수피아 백년사』에는 두 사람의 만남에 대한 자세한 언급 없이 모친이 광주로 갔고 '그게 인연이 되어' 광주기독병원 젊은 의사와 결혼하게 되었다고 나온다. 그런데 이 결혼 배경에 대해 다른 의견도 보인다. 1916년 일본 유학을 끝내고 귀국하여 정신여학교 교사가 된 김필례와 1918년 광주 양림교회 최흥종 장로의 동생인 최영욱이 결혼하는데, 지리적으로 먼 거리에 있었던 두 사람이 결혼하게 된 데 대해 남궁혁과 최흥종의 관계에 주목하는 견해도 있다. 1916년 광주 양림교회 제2대 장로로 임직한 남궁혁이 김함라(김필례의 큰오빠 김윤방의 딸, 김마리아 언니)와 결혼했는데, 그가 양림교회 첫 장로인 최흥종의 동생 최영욱과 아내의 고모인 김필례를 중매했다는 것이다.

그러나 김필순의 외손녀 대담에 "최영욱 선생이 세브란스 병원에 있을 적에 김필례 여사가 병원에 입원했대요. 그러

김필례와 최영욱의 결혼 사진. 이명혁 목사 주례로 서울연동교회에서.
1918.6.20.

다가 최영욱 선생이 김필례를 좋아하게 되어서"라는 대목이 나오는 걸로 보아, 집안에서는 남궁혁의 중매보다는 선생의 입원에서 비롯한 최영욱과의 만남이 당연한 결혼 일화와 내력으로 전해 오고 있음을 알 수 있다. 그리고 이 대담에서는 선생의 입원이 광주인지 서울인지에 대한 관심보다는 입원했을 때 두 사람이 처음 보게 되었다는 사실이 강조되고 있다. 이는 최영욱이 세브란스를 다녔다는 점에도 어긋나지 않고 광주기독병원에 실습으로 내려와 있었다는 부분과도 상치되지 않는다. 그리고 그렇게 알게 된 최영욱이 마침 형 최홍종을 통해 들어온 남궁혁의 중매를 적극적으로 받아들여 정식으로 청혼했을 개연성이 크다.

광주기독병원 윌슨Robert M. Wilson 박사의 일기에 최영욱에 관한 내용이 나온다. 병원이 매우 바빠서 한 달에 천이백 건의 진료를 할 정도일 때 의과대학을 졸업한 조수가 많은 도움을 주며 병원 업무를 도맡아 할 정도로 일을 잘했다는데, 그가 바로 유니온 메디칼 스쿨(세브란스의 옛 이름)을 우등으로 졸업한 최영욱이라는 것이다. 그가 연애결혼을 한다는 사실, 조선 사람들의 옛날 방식이 아니라 미국식으로 교제하는데, 한국에서는 대개 부모가 아들을 위해 신부를 선택하지만 최영욱은 신부도 본인이 선택했고 편지도 나누며 결혼을 한다는 내용이다.

김필례는 1918년에 결혼하면서 정신여학교를 사임하고

광주로 내려간다. 두 사람은 스물여덟 살 동갑으로 당시로서는 만혼이었다.

남편 최영욱이 결혼하며 걱정한 부분은 무척 까다롭고 강한 자신의 어머니와 신식 교육을 받은 신여성 아내 사이에서 갈등이 생길 가능성이었다. 그런 와중에 치치하얼에서 이상촌 사업에 손이 모자란 김필순이 동생 필례가 세브란스 출신 의사와 결혼한 것을 알고 동생 부부에게 치치하얼로 들어와 함께 일하자고 한 제안은 의미와 보람도 큰 일인 만큼 반갑게 받아들이게 된다. 결혼 후 치치하얼로 간 때는 1918년 여름으로 추정된다. 6월 말에 결혼했으니 결혼 직후라고 할 만한 시기였다. 오빠의 환영을 받으며 남편 최영욱은 병원 일을 하고, 김필례는 주로 농사짓는 농민 동포들의 무지를 일깨우는 일을 열심히 했다.

그런데 첫아이를 임신하게 되었다. 남편과 오빠와 가족들 모두가 기뻐했으나 필례는 심한 입덧으로 계속 구토를 하며 음식을 거의 먹지 못해 몸이 날로 쇠약해져 갔다. 또 그때쯤 시어머니의 근황을 전하는 광주의 교회 신도가 보낸 편지를 받게 된다. 시어머니 공 여사가 식음을 더러 거부하고, 문을 걸어 잠그고 종일 방안에 드러누워 있기도 하면서 불편한 심기를 드러내어* 이것을 보다 못한 교인이 보낸 편지였다.

---

* 시어머니가 너무 외로운 생활에 스스로 목숨을 끊으려고까지 했다는 소식이었다.

사실 시어머니로서는 친척이 광주에서 송정리에 걸쳐 있는 삼십여 리에 해당하는 넓은 토지를 팔아 가로채 버린 일로 마음이 괴로웠던 터에 아들이 결혼하고 곧바로 아주 멀리 치치하얼로 떠나 버렸으니 심기가 편치 않았을 것이다.

필례 부부는 그로 인해 더 서둘러 광주로 돌아가게 된다. 김필례는 평생 '남을 위해 살자'는 신념이 있었고, 그 '남'은 먼 데서 찾는 게 아니라 가까운 곳에서 시작해야 한다고 생각해 왔던 터라 시어머니의 소식이 무겁게 느껴졌을 것이다. 입덧이라는 육신의 고통에 시어머니에 대한 며느리로서의 죄송함이라는 정신적 부담은 더 이상 치치하얼에 머물 수 없게 하는 충분한 이유가 되었다. 김필순은 동생 부부가 떠나올 때 돈을 '얼마만큼' – 적지 않게 – 주었다. 그동안의 고생에 대한 마음씀이라고 볼 수 있는 이 돈은 필례 부부가 광주에 와서 살 곳을 마련할 때 큰 도움이 된다.

독립운동의 현장을 떠나 1918년 가을, 치치하얼에서 넉 달 만에 돌아왔을 때 광주의 시댁 상황은 매우 어려웠다. 시어머니가 친척에게 속아 재산을 다 날린 이후 있을 집이 없어서 시어머니와 같은 방을 써야 할 정도로 시댁 사정이 궁핍했다. 그 무렵 마리아의 큰언니 함라 내외도 광주에 와서 살고 있었다. 조카 함라가 자신의 집이 크니 당분간 함께 있자고 했지만, 선생은 시어머니와 함께 있으면서 급하게 집을 구했다. 안채는 살림집, 바깥채는 병원으로 쓸 수 있는 집이었다. 그 집을 사는 데는 치치하얼에서 돌아올 때 오빠 김필순이 넉넉하게 준 돈이 도움이 되었다는 회고로 볼 때 그 집이 후에 서석의원이 되었을 가능성이 크다.

필례는 만삭의 몸으로 다음해인 1919년 2월 중순경, 광주에 온 김마리아가 동경에서 가져온 이팔독립선언서를 복사하여 마리아가 임무를 수행할 수 있도록 돕는다. 삼일운동이 일어나고 김필례도 당연히 일경의 심문을 받지만 만삭의 몸인 만큼 풀려나게 된다. 이때쯤 두 사람 사이에 아들 제화가 태어난다. 사실 필례의 광주 생활은 '유학 갔다 온 며느리의 시집살이'로 광주 일대의 화제가 되었다.

광주에는 최씨 일가들이 많이 살고 있었는데, 그들은 필례의 일거일동을 주목했다. 필례 스스로 '여성 교육 필요성의 진단 기준'으로 삼은 시집살이가 시작된 것이다. 사실 당시는 중류층 이상의 남자들은 대체로 유학을 떠났고, 그 부인들은 그저 된시집살이를 천명으로 알고 있던 때였다. 글을 모르니 편지를 쓸 줄도 모르고 오랫동안 떨어져 지낸 탓에 자연 정이 식어지면 이 신식 남자들은 교육받은 신여성과 사귀면서 이혼을 요구해 오고, 그저 시부모 봉양하며 살던 배우지 못한 여성들은 이유도 모르면서 희생당하는 경우가 비일비재했다.

당시의 상황에서 김필례는 여성 교육을 절감했고, 여성을 교육하기 위해서는 교육을 받은 여성인 본인의 역할이 중요

미국 유학 시절의 김필례·최영욱 부부. 1926~1927년.

하다는 깨달음을 얻는다. 김필례는 평생 "배운 만큼 달라야 하고 믿는 만큼 달라야 한다"는 말을 신조처럼 되풀이했기에, 자신이 옳다고 생각한 일들을 이루어 내기 위해서는 말을 앞세우기보다 자신부터 솔선수범하는 것이 중요했다고 생각했다. 일본 유학까지 하고 온 며느리가 까다로운 시어머니를 정성껏 모시자 주변에서 '여자도 배울 만하다', '배운 여자는 다르다'는 인식을 하게 되고, 그런 소문이 광주 일대에 퍼져 나갔다.

이들 부부는 아들을 얻자 금정교회에 종탑 신축 감사 헌금을 드릴 정도로 기뻐했으나, 아들은 1920년 돌도 되기 전, 십 개월 되었을 때 뇌막염으로 죽고 만다. 아들을 잃고 상심한 남편이 1920년 미국으로 공부하러 떠난 후, 아들을 잃고 남편도 유학을 떠난 빈자리가 크고 정신적으로 힘들었을 때 김필례는 부인조력회*와 만나게 된다. 1920년 광주를 방문한 미국 남장로교 부인조력회 설립자인 윈스브로우Hallie P. Winsborough와의 만남과 엘리자베스 쉐핑Elisabeth J. Shepping서서평 선교사와의 조력회 일은 김필례가 여전도회와 손잡고 평생을 가게 하는 출발점이 된다. 또 1924년 미국 유학을 가게 되는 계기도 되었는데, 그런 한편 YWCA 설립을 위한 활동도 본격적으로 하게 된다.

---

* 부인조력회는 훗날 여전도회가 된다. 부인조력회와 여전도회가 같이 쓰이는 경우가 많다.

1927년 남장로교 부인조력회 총회록에는 김필례가 아그네스 스콧 대학Agnes Scott College에서 일 년 만에 졸업*하고, 이어 뉴욕 컬럼비아대학교 교육대학원에서 학위를 마치고 이미 학위 과정을 마친 남편과 함께 한국으로 돌아간다는 공지가 나와 있다.

김필례 가정에서 양자를 맞은 것은 이때쯤으로 보인다. 당시 아이가 없는 집에 흔하게 들어왔던 방식으로 들어온 양자 최춘근(김필례 서거 당시의 신문 기사를 보면 1927년생으로 나옴)은 경복고등학교와 서울대 음대를 졸업하고 후에 정신여고 음악 선생(1952~1960)을 거쳐 가락중학교 교장을 역임하면서 김필례 선생을 마지막까지 모셨다. 작은 체구에 재치가 있었다고 한다.

남편 최영욱은 귀국 후 광주 사회에서 많은 활동을 하면서 폭넓은 지도력을 발휘한다. 당시 광주YMCA 회장도 맡았고 서석의원을 개업하여 경제적 여유도 생겼으며, 후에 군정 시기에는 전라남도 도지사를 지내기도 한다. 서석의원에서 일하던 간호사와는 혼외자식을 두었는데, 그 딸이 최춘희(김필례 서거 당시 신문 기사에 1932년생으로 나옴)이다. 최영욱은 이 부분에서 떳떳하지 못한 만큼 그 간호사를 대학 동기가 개업해 있

---

* 1924년 12월 23일 미국으로 간 김필례는 아그네스 스콧 대학교 역사과 2학년에 입학, 일 년이 채 되지 않은 1926년 5월 25일에 졸업증서를 받는다. 여기서 보이는 시간 차(1925.1월~1925.6월 정도)는 미국 유학 초기에 육 개월 정도의 어학 코스를 받은 것으로 추론할 수 있다.

던 진남포로 보냈고, 딸은 그곳에서 여덟 살까지 자란다. 나중에 이 사실을 알게 된 김필례는 딸을 데려다 입적시키고 키우게 된다. 그 과정에서 학교 갈 나이가 된 아이가 호적이 없어 학교를 못 보내 우울해했다는 생모의 이야기도 간접적으로 듣게 된다.*

그때는 미국에서 돌아와 병원도 개업하여 안정을 찾았을 때이니만큼 일반적으로 생각하듯이 김필례가 미국에 있을 때 생긴 일은 아니다. 최영욱은 "1919년 3월 25일 태어난 아들 제화가 1920년 추운 겨울 정월에 채 한 돌을 맞이하기도 전에 죽은 후, 한 달여 말없이 지내다가 홀연히 미국으로 유학길에 올라, 켄터키주립대학교 의과대학에 입학한 후 칠 년 동안(1927년까지) 미국에 체류하였다"고 회고하고 있다. 최 박

---

* 정신여고 교사를 지낸 이성녀 선생(2018년 현재 팔순)은 최춘희를 진남포에서 데려온 것은 춘희가 열한 살 때로 들었다고 기억하신다. 최춘희의 생모가 진남포 최영욱 박사의 친구 병원에서 간호사로 일할 때 그 병원 의사의 부인, 즉 최 박사 친구의 부인을 만났던 얘기를 생생하게 기억하셨다. 이성녀 선생이 정신여고 교사로 있을 때 친구를 만나 친구의 조카가 하는 양장점에 옷을 맞추러 갔는데 그 조카의 시어머니가 바로 그 간호사가 일했던 병원 원장의 부인이어서 이성녀 선생이 정신여고 교사라고 소개하니까 대뜸 김필례 선생님 얘기를 물어 왔다고 한다. 최 박사가 간호사와의 사이에 아이를 갖게 되어 간호사의 배가 점점 불러 오자 진남포에서 개업하고 있는 자기 친구에게 보내 그 병원에서 간호사로 일하게 했던 얘기, 그 간호사가 "아이 호적이 없어서 학교 갈 나이가 되었는데도 학교를 못 보낸다"고 매우 우울해하며 훌쩍거리고 울던 얘기, 그 아이 부친 집에 다른 애가 없다는 것을 알고 최 박사 집으로 딸을 보냈다는 얘기를 들으셨다 한다(2018.8.2. 동창회의실 인터뷰에서). 선생의 양손녀 윤현숙님 말에 따르면 여덟 살일 때 아이 존재를 알고 선생이 진남포에 가서 데려오면서 아이 엄마인 간호사는 다른 곳에 시집을 보냈다고 들은 것으로 기억하신다. 그런데 '학교 갈 나이'로 볼 때 여덟 살이 설득력 있다고 본다.

사의 여성 편력 등은 몇 군데서 언급되고 있다. 이 부분은 무엇보다도 두 사람 사이에 자녀가 없었던 것이 가장 큰 이유라고 생각되는데, 두 분이 서로 이야기할 때는 참으로 다정한 내외였다고 기억하는 사람들이 많다.

무엇보다도 김필례의 딸에 대한 사랑은 딸 춘희가 정신여고를 거쳐 이화여대 영문학과를 졸업하고 미국 유학을 떠나는 데서 드러난다. 선생은 빠듯하게 생활하는 어려운 가운데서도 유학 자금을 보냈다고 한다. 학비를 보낼 때면 아들이 돈도 없는데 그렇게 무리해서 보낸다고 원망했다는데, 그럴 때면 양손녀딸인 윤현숙에게 그래도 딸 춘희는 남편의 자식 아니냐고, 남편의 피를 이어받은 딸이라고 했다는 말씀에서 가슴 미어지는 절절함을 본다. 아이를 더 갖지 못한 책임*을 그렇게 보상한 것은 아닐까. 그 과정에서 겪어야 했던 인간적 고뇌와 아픔, 그에 대처하는 모습에서 김필례가 마음이 참 큰 사람임을 볼 수 있다.

아이러니하게도 이 시기에 김필례는 『성교육』(1935)을 통해서 "정조 관념은 남편과 부인에게 모두 요구된다"며 "결혼의 중요한 점은 일남일녀가 그의 정조를 비롯하야 마음과 이상과 정신 전부를 피차 그 상대자에게 사랑으로써 바치는

---

* 김필례가 혼외자식의 존재를 알았을 때가 쉰 살 전후, 아이가 태어났을 때를 기준으로 보더라도 마흔이 넘은 나이였던 만큼 당시에 일반적으로 더 이상 아이를 갖기 어려운 나이였다.

SEX EDUCATION FOR GIRLS

by

MRS. PILLEY KIM CHOI

性

敎

育

김

필

례

著

조선예수교서회 발행

Price ... 25 Sen

SEX EDUCATION FOR GIRLS

Mrs. Pilley Kim Choi

THE CHRISTIAN LITERATURE SOCIETY
OF KOREA 1935
MM.

김필례 선생이 쓴 『성교육』 표지와 속지. 1935년.

데 있는 것"이라고 역설했다. 결과적으로는 이 책에서 강조한 대로, 한 남성의 아내로서, 한 여성의 남편으로서 결혼과 인생의 각 단계에서 만나는 문제들을 현명하고 냉철하게 해결해 나갔다.

최영욱은 후에 신사참배를 하기도 하고, 1942년 도마리아Mary Lucy Dodson*를 찾아가서 자신이 그즈음 교회를 다니지 않고 있다고 실토하기도 한다. 평생을 선교사들과 더불어 일했고 그들의 도움으로 세브란스 의과대학을 졸업하고 미국 유학까지 지원받았던 그가 교회를 떠나 방황했던 것이다. 그가 살아오면서 세속적 타협도 하고 혼외 여식까지 두었던 만큼 하느님 앞에 나서기가 떳떳하지 않아서였을까. 아니면 오십대 중년의 삶에서 터득한 나름의 여유와 자신감이 스스로를 방심하게 했을까. 남편이 교회를 등졌다는 사실은 부인 김필례로서 기가 막히고 억장이 무너지는 일이었을 것이다. 게다가 신사참배한 남편에 대해 풍문으로나마 불미스러운 말도 돌고 있었던 만큼 명실공히 공적이고 깔끔한 성격의 아내 필례의 속이 얼마나 타들어 갔을지 추측만으로도

---

* 도마리아(1881~1972)는 미국 조지아 주 출신으로, 1912년 목포를 거쳐 광주에 온 선교사다. 미국 남장로교 부인조력회 창설자인 윈스브로우와 함께 선교와 광주 지역 부인조력회를 창설했다. 수피아여학교 교감, 이일학교 교장을 역임했다. 1941년 진주만 폭격 이후 재한 외국인들에 대한 강제 출국을 거부하고 유화례(Florence Root), 타마자(John Van Nest Talmage) 내외와 선교부 재산을 지키기 위해 잔류하여 육 개월간 연금되었고, 농촌 사역에 주력했던 복음 전도인이다.

안타까운 일이다.

그는 해방 후 전라남도 도지사를 지냈다가 1950년 7월에 광주가 공산군의 수중에 들어갔을 때 체포되어 감옥에 갇히게 된다. 이때 김필례는 서울에서 정신여학교 교장으로 있었는데, 1950년 육이오가 나기 직전인 6월 2일 전국여전도회 회장으로서 미국 여전도회 총회에 참석하기 위해 미국으로 갔다가 전쟁이 난 조국에 돌아올 수 없는 상태로 발이 묶여 있던 때였다. 마음을 겨우 추스르며 미국 전역으로 강연을 다니던 가을 중턱에 수피아여학교 교장을 지낸 유화례 Florence Root 선교사*가 보낸 편지에서 최 박사가 체포되어 고문을 당하고 8월 30일 감옥에서 생을 마감했다는, 말 그대로 마른 하늘에 날벼락 같은 충격적인 소식을 듣게 된다.**

안 그래도 발을 동동거리며 귀국할 온갖 방법을 모색했지만 별 도리 없이 미국에서 머물던 중이었는데, 그 와중에 듣게 된 남편의 체포와 투옥, 갑작스런 죽음에 대한 소식을 몇

---

* 유화례(1892~1995) 선교사는 미국 매사추세츠주 스미스대학 출신으로 광주 수피아여고 교장으로 있으면서 신사참배를 거부하고, 일본이 1941년 미국 선교사를 추방할 때도 나가지 않아 구금되고, 육이오전쟁이 터진 한국이 위험하다고 미국 대사관에서 선교사들에게 강제 출국령을 내렸을 때 그 명령에 불복, 한복을 입고 머리는 수건으로 동여매어 변장한 채 산간마을을 다니면서 선교 활동을 했다. 평생 독신으로 한국인과 호남 선교를 위해 헌신 봉사했다.

** 김필례 선생이 대한예수교장로회 『여전도대회 창립40주년 기념회보』에 기고한 「민족의 신앙과 여전도회」에는 최영욱 박사가 1950년 9월 28일에 살해된 것으로 되어 있으나, 이기서 교수가 선생께 직접 확인한 바로는 그해 8월 30일이라고 밝히고 있다.

가족사진. 왼쪽부터 손녀 명원, 아들 최춘근, 손녀 정원, 김필례, 손녀 규원, 며느리
이순빈, 손자 상범. 1969년.

달 후에 알게 된 것이다. 그때의 황망함을 어떻게 견뎌 낼 수 있었을까. 전란에 휩싸인 조국에서 어머니는 미국에 가서 없고 아버지는 갑작스럽게 죽는, 아주 어리진 않다 해도 스무 살 전후의 아들과 딸에 대한 걱정, 어쩔 방법도 없는 황당한 상황 속에 처해진 김필례의 곤혹스러움이 얼마나 컸을지 인간적인 연민을 느낀다. 기댈 곳은 오직 하나님, 할 수 있는 것은 오직 기도뿐이었을 것이다.

필례는 전쟁 발발 일 년 후에 비로소 귀국하게 된다. 그런 와중에 총살 직전에 회개하고 편안하게 숨졌다는 남편에게 안쓰러움과 안타까움을 느끼면서 동시에 평화롭게 마지막을 맞았다는 데에 대해 감사했을지 모르겠다. 감옥에서 그와 함께 복역했던 사람의 말에 따르면 1950년 9월 유엔군이 광주 수복을 위해 작전을 펼칠 때 퇴거하던 공산군에게 총살을 당했는데, 그 직전에 회개하고 주님께 돌아왔다고 한다.

YWCA, 부인조력회(여전도회), 수피아여학교

김필례는 "한국 YWCA 역사에서 잊을 수 없는 개척자이자 광주YWCA를 창설"한 사람으로 이름이 남아 있다. 김필례는 언제 어떻게 YWCA와 만나게 되었을까? 김필례가 일본 유학을 갔던 시절로 거슬러 올라가야 한다. 일본에서 유학할 때 방학이 되면 다른 학생들은 으레 집에 다니러 가는데 필례는 그러지 못했다. 필순 오빠가 일본말을 얼마나 잘 배웠는지 테스트를 하게 되면 그때 제대로 대답을 잘할 수 없을까 봐 걱정이 되었기 때문이다. 자존심 강한 필례는 그래서 방학 때에도 스스로 학교에 남아 일본말 공부를 했는데, 특히 겨울방학 때는 기숙사에서 불을 때주지 않아 다른 곳으로 숙소를 옮겨야 했다. 그때 간 곳이 일본 YWCA 기숙사였다.

방학 동안을 폐문한 학교 기숙사를 떠나 일본 YWCA 기숙사로 갔다. 기숙하는 사람들은 대개가 시골에서 갓 올

라온 처녀애들이거나 직업여성들이었다. 거기서는 나에게 정말 고맙게 대해 주었는데 일본말을 모르는 나에게 말도 천천히 알아듣게 가르쳐 줬을 뿐 아니라 침략 제국주의적인 일본인 자신의 비평에서부터 인간이 나아갈 올바른 길, 또는 하느님에로 바르게 인도되는 일에까지 자상하고도 성스러운 언행으로 깨우침을 주었다. 내가 거기서 느낀 점은 나도 우리나라에 나가면 꼭 이러한 YWCA를 세워 보리라고 굳게 마음먹곤 했다.

여기서 필례는 일생을 두고 잊을 수 없는 감명을 받게 된다. 우선 예수를 믿는 사람은 인생을 살아가면서 무언가 다르다는 것을 행동으로 실천으로 보여 주고 있다는 점이었다. 상급생이 된 필례는 학생 YWCA 임원이 되어 일본 YWCA 총무로 일하던 가와이 미치코川井道子를 자주 접하면서 그녀의 인격에 감화되었다. 가와이는 일본이 우리나라를 강점하고 있는 행위는 세계인의 규탄을 받아 마땅한 야만 행위이며, 일본은 우리나라를 강점해서는 안 된다고 늘 말했다. YWCA에서 생활하고 일하는 사람들이 모두 이렇게 올바른 생각을 가지고 살아가는 것을 보며 필례는 우리나라에도 꼭 이런 단체를 만들어야겠다고 다짐한다.

젊은 필례는 일본 유학을 마치고 1916년 귀국해서 곧바로 YWCA 설립을 위해 노력했지만 당시로서는 별 반응을 얻지 못했다. 그러다가 1920년 12월 미국 YWCA 세계부에서 우리나라 YWCA 설립을 돕기 위해 위원단을 파견한다. 이들은 정신여학교의 겐소Mabel R. Genso 부인의 집에 머물면서 우리나라 여성 지도자들을 만나 YWCA 설립의 필요성을 역설했으나 큰 성과는 없었다. 미국 YWCA는 한국 YWCA를 일본 YWCA 지부로 조직하고자 했던 만큼 이를 받아들일 수 없었기 때문에 더욱 일이 성사되지 못했던 것이다. 1921년 봄, 김필례는 정신여학교 루이스 교장을 찾아가 도움을 청했다. 그러자 루이스 교장은 이화학당의 당장으로 있던 아펜젤러를 소개해 주었다. 아펜젤러는 이때 김필례에게 김활란을 소개, 김활란도 YWCA 설립에 참여하게 된다.

김필례가 YWCA 운동에 적극 나서게 된 1920년은 아들을 잃고 남편마저 미국으로 유학을 떠나 홀로 남은 시기였다. 광주에서는 수피아여학교에 나가면서 여성 교육 계몽운동으로 야학을 열어 배움에서 소외된 부녀들을 일깨우는 사회교육운동을 펼쳤다. 시어머니가 계시기는 했지만 비교적 자유롭게 활동할 수 있는 현실에서 김필례는 일본 유학 시절부터 꿈꾸어 왔던 또 하나의 독립운동, YWCA 설립에 정열을 쏟았던 것이다. 1922년 4월에는 북경 청화靑華대학에서 개최된 세계기독학생대회에 조선 대표로 김활란과 함께 참가했다. 당시 YMCA는 우리나라에도 이미 창립되어 활동하고 있었다. 당시의 상황에 대해서 좀 길긴 하지만 김필례의 말을 인용해 본다.

수피아여학교 재직 시 중국 북경에서 열린 세계 YWCA 총회에 고 김활란 박사와 함께 대표로 참석하게 되었다. 1920년에 미국에서 대표들이 나와 서울에 YWCA를 세우고자 했으나 그 당시는 일제 시대였으므로 서울에 세워지더라도 일본 동경 YWCA 지부로 호칭이 되기 때문에 우리는 반대했었다. 우리들 자신이 직접 세계연맹에 한국 대표 자격으로 가입하고 싶었기 때문이었다. (…중략…) 1922년 상해임시정부에서 북경 대회에 참석한 우리들에게 여운형 씨를 보냈다. 내용인즉 수원 제암교회의 학살 사건을 범세계적으로 폭로시켜 달라는 부탁 말씀이었다.

마침 중국 정부에서 세계대회 참석자 대표를 초대하였다. 나는 그때를 놓칠세라 일본 대표이며 일본 YWCA 총무로 있던 가와이 미치코에게 은근한 협박을 했다. "당신이 한국 YWCA 조직에 협력하지 않는다면 나는 전 세계 대표 앞에서 일본이 한국에 행한 만행, 제암 사건을 폭로하겠다"는 것이었다. 그 말을 들은 가와이 미치코는 몸을 부들부들 떨면서 세계연맹 본부에 한국 스스로의 가입을 승낙한다는 서신을 띄우겠다고 허락하고 말았다.

"우리는 이 길로 달려가서 우리 자신의 YWCA를 서울에 조직하겠습니다. 영연방인 인도나 호주, 캐나다 등도 개인 자격으로 세계연맹에 가입한 증거도 있으니 우리 조선도 조선 YWCA로 가입해야 되겠습니다."

나는 그 길로 달려나와 조선 YWCA를 조직하였고 조선 YWCA 총무로 있으면서 창립을 보았다. 1922년 가을이었으니까 지금 오십 주년을 넘게 된다. 열아홉 살 때 동경여자학원 유학 시절, 일본 YWCA 기숙사에서 지낼 때의 결심과 오직 조국의 새로운 횃불이 되겠다는 각오가 결실을 본 것이었다.

1920년 12월 미국 YWCA 세계부에서 위원단을 파견하여 서울에 YWCA를 세우고자 했을 때는, 일제 하에서 서울에 세워지더라도 일본 동경 YWCA 지부로 호칭이 되기 때문에 반대했었지만, 김필례를 비롯해 모두 세계연맹에 직접 한국 대표 자격으로 가입하고 싶어 했다. 그래서 1922년 YWCA 세계대회에 한국 대표로 참석했을 때 일본 대표에게 '한국 YWCA' 독립 조직에 대한 협조를 요청하지만 처음부터 거절당했다. 김필례가 존경하던 가와이였지만 아무리 기독교인으로서 양심적인 생각을 가지고 있더라도 YWCA와 연관된 일에는 한국의 독립을 원하지 않는 이중성이 엿보였다. 한국이 독립된 YWCA를 건설하는 것에 대해서 부정적이어서 김필례가 찾아갔지만 만나려 하지도 않았다. 그러던 차에 마침 중국 정부에서 세계대회 참석자 대표를 초대했던 것이다. 다시 일본 대표를 만날 기회를 갖게 된 김필례는 일본 YWCA 총무로 있던 가와이에게 일본의 제암리 만행 사건을 전 세계 대표에게 폭로하겠다고 은근히 협박했고, 가와이는 이 사실의 발설을 막기 위해 일본이 한국 YWCA를 서울에 조직하는 일에 협조하겠다고 약속하게 된다. 이 일은 한국 여권 운동의 시발이 되었다.

김필례는 YWCA야말로 암매한 우리의 여성 사회를 깨우치고 발전시킬 수 있는 여성 사회단체라 여겨 북경에서 귀국하는 대로 김활란과 함께 YWCA 창립 운동에 착수한다. 1922년 북경 회의에서 돌아온 김필례와 김활란은 YWCA 창설을 위한 본격적인 활동에 돌입, 김필례는 장로교 지도자들에게, 김활란은 감리교 단체에 회의 상황과 필요성을 긴급하게 피력하며 애썼다. 그리하여 1922년 3월 27일 경성여자교육협회에서 남녀 유지 서른 명이 모인 가운데 제1차 발기회를 열고 YWCA를 창립하기로 결의했다. 세 차례 발기회를 거쳐 드디어 제1회 조선여자기독교청년회 하령회夏令會*를 열기로 하고 그 준비위원으로 회장에 김활란, 부회장에 방신영, 총무에 김필례 등 일할 사람들을 구체적으로 정했다.

그런데 막상 여는 데 필요한 경비 조달이 만만치 않아 서울 장안에 큰 상점 주인들이나 사회적 유지들을 방문하여 당시 여성들로서 쉽지 않은 협조를 구했다. 당대 근대적 지식인으로, 또 조선 YMCA의 지도자로서 지식, 재산, 명망 등

---

* 하령회는 미국 YWCA의 하기 행사로 청년 회원들의 종교단체 생활 훈련을 위하여 실시한 행사다.

을 겸비한 윤치호는 당시 엄청난 거금인 이백 원을 기부해 주기도 했다.

제1회 YWCA 하령회는 1922년 6월 13일 서울 죽첨정竹添町, 지금의 충정로 협성여자성경학원에서 전국의 공사립 여학교 대표와 각종 여성단체 대표, 일반 유지 등이 참석한 가운데 성황리에 열렸다. 제주 등 국내는 물론이고 만주 하얼빈, 시베리아 등지에서도 초청된 대표들이 왔다. 여비를 제외한 대표들의 경비는 주최 측에서 부담했다. 강좌는 우리나라를 위해 일할 수 있는 여성으로서의 책임감과 힘을 북돋아 주는 강좌와 틴슬리Hotense Tinsley, 천실라가 이끄는 새벽 기도회 모임, 그리고 세 그룹으로 나누어 실시한 성경연구 모임 등으로 내실 있게 진행되었고, 하령회 마지막 날 YWCA 설립을 구체적으로 추진할 것을 만장일치로 가결하였다. YWCA 설립 추진 임원진을 선출했는데 회장 방신영, 부회장 홍에스더, 총무 김필례로 김필례는 실질적으로 일을 하는 데 가장 중요한 총무직을 맡았다. 김필례는 하령회를 준비할 때에도 총무를 맡았는데, 이런 일들은 실제로 총무가 중심이 되어 일을 추진해야 하는 만큼 가장 중요한 임무를 맡은 것이다. 그리고 광주에 와서 광주YWCA를 창설했다.

그 과정에서 정신여학교 7대 교장이었던 겐소 부인은 이들에게 YWCA 조직에 대해 가르쳐 주었고, YWCA에 대한 교육을 시켰으며, 조선 YWCA가 조직된 후 사무실이 없는 임원들에게 자신의 집을 개방하여 회의실로 사용하게 하는 등 여러 편의를 제공했다. 동포를 구하는 길이 정치에만 있지 않고 교육에도 있다는 신념은 일찍부터 김필례가 갖고 있던 신념이었다. 특히 여성 교육의 중요성을 뼈저리게 실감한 김필례는 맥클래런Jessie McLaren* 부인과 YWCA의 역사와 규칙을 공부하며 YWCA 설립을 위한 전국 순회 일정을 구체적으로 계획하고, 1922년 11월 5일부터 12월 14일까지 전국 열일곱 곳을 찾아다니며 강연을 했다. 이러면서 자연스럽게 김필례는 지방 순회 책임자로서 전국을 대상으로, 김활란은 국제 사회에서 활동하며 대외적으로, 유각경은 서울 중심으로 각각 활동을 나누어 하게 되었다.

광주와 기독교는 매우 밀접한데, 1904년 광주에 온 오웬과 유진 벨 선교사로부터 광주 기독교가 시작되었던 것이다. 한국은 부인조력회 조직이 외국에서 시작된 첫 번째 나라로, 바로 광주에서 부인조력회가 서클Circle, 원주회(지역별·구역별 모임) 계획과 함께 1922년에 시작되었다. 이 시기에 김필례는 광주를 중심으로 전개되는 여러 활동에 관여하게 된다.

윈스브로우 여사가 한국에 온 1920년은 여성 사역의 신기원을 이룬 해였다. 그녀의 격려, 지도와 함께 엘리제

---

* 제시 맥클래런은 호주 장로교 선교사이자 신경정신과 의사인 찰스 맥클래런(Charles I. McLaren, 1882~1957, 마나연)의 아내이다.

YWCA 서대문회관에서의 연합회 임원들. 뒷줄 왼쪽에서 두 번째가 김필례, 앞줄 왼쪽 첫 번째가 김활란, 오른쪽 끝이 유각경이다. 1930년대 초.

쉐핑(엘리자베스 쉐핑, 서서평) 헌신과 봉사가 조력회-서클 출범을 가능하게 만들었다. 1926년부터 1931년 사이에 전라남북도 장로교회 여성도들은 서클과 조력회를 노회원들과 더불어 잘 훈련된 조직으로 만들었다. 돌아가며 성경 공부를 인도하고 예배 인도와 조직의 사역을 위한 자료 등을 제공하였다. 2차 세계대전이 끝난 후 필리 최(김필례)는 회장으로서 몇 년을 섬겼다.

이처럼 미국 남장로교 부인조력회 창설자인 윈스브로우 여사가 한국에 온 1920년을 여성 사역의 신기원이 이루어진 해로 보고 있는데, 1910년 광주에 온 타마자 선교사, 그 전해(1909년)에 전남 장흥 지역을 순회 사역하다가 돌아가신 오웬 선교사, 그리고 1912년 정식으로 장로 장립을 받은 김윤수, 최흥종의 광주교회(북문안교회)를 토대로 발전해 온 광주에서, 1918년에 온 젊은 김필례도 서서평이 일하는 조력회를 도와 큰 역할을 하게 된다. 그리하여 조직이 구체적이고 지속적으로 이루어졌다는 점에서 독보적이고 의미가 큰 광주 부인조력회-여전도회의 활동이 시작된다.

개인적으로는 1920년 돌도 안 된 아들이 뇌막염으로 죽고, 그로 인한 충격으로 남편마저 미국으로 유학 가버린 후의 허전하고 막막하고 힘든 시기이기도 했다. 그러나 한편으로는 가정에 전념하느라고 미처 하지 못했던 일들에 전념할 수 있는 시간이기도 했다.

부인조력회 일은 곧 여전도회 일로 이어졌는데, 김필례는 1922년 12월 서서평* 선교사 집에 모인 광주 지역 부인조력회 조직에서 문서 담당을 하게 된다. '문서 사역'은 선생이 여전도회에서 처음 맡았던 일이다. 부인조력회 원리 또한 서서평 선교사와 김필례가 번역한다.

서서평 선교사는 '문둥이의 어머니'라 불리는 분으로, 1923년 조선간호부회를 조직하여 오늘의 대한간호협회를 있게 한 분이다. 그녀의 신념으로도 유명한 "성공이 아니라 섬김이다Not success but service"라는 말은 그녀의 삶을 그대로 보여 주고 있다. 그녀는 "무엇보다도 한국인들이 서구 문명의 지배를 받아야 하는 것을 당연시하거나 운명적으로 받아들이기보다, 오히려 한국인의 생활방식에 더 순응하겠다"고 마음먹고 우리나라에서 선교와 교육에 임했다. 서서평 선교사는 1928년 조선예수교장로회 총회가 그에게 여전도회 조직의 대임을 맡겼을 때부터 미국 조력회의 조직 원리를 적용하여 이후의 한국 여전도회 조직의 근간을 마련하였다.

---

* 서서평 선교사는 우리나라 최초의 여자 신학교인 이일학교(한일장신대 전신)를 세우고 부인조력회(현 여전도회)와 조선간호부회(현 대한간호협회)를 창설해 여성 계몽과 복음 전파에 큰 족적을 남겼다. 미국 장로회는 전 세계에 파견된 선교사 가운데 한국 파견 선교사로는 유일하게 서서평을 '가장 위대한 선교사 7인'으로 선정했다. 2017년 기독교방송 CGN TV에서 제작한 다큐멘터리 영화 〈서서평, 천천히 평온하게〉가 상영된 바 있다.

김필례가 광주에 살면서 뼈저리게 느낀 것은 당시 우리나라 여성들이 교육 혜택을 거의 받지 못하고 있다는 사실이었다. 그런 만큼 우선 광주 여성들의 계몽에 심혈을 기울이는데, 1920년 9월부터 광주 수피아여학교에 교사로 나가고, 광주YWCA를 통해 자신의 뜻을 더욱 활발하게 펼치기 시작한다. 여성에 대한 계몽을 섣부르게 말로만 강조하고 행동이 따르지 않으면 사람들은 이내 알아챈다. 주장이 공허하면 공감이나 호응보다 부작용이 큰 법. 김필례는 유학 시절 일본 YWCA의 총무를 보고 믿는 사람이 다르다는 것을 배웠고, 또 배운 만큼 달라야 한다는 소신을 가지고 끝없이 배우고자 했다. 그런 소신을 가지고 당시 사회를 지배하던 보수와 전통의 시각으로 보아도 충분히 공감하고 인정받을 만한 삶을 실제로 실천해 나가고자 애썼다. 야학을 통해서, 광주 YWCA를 통해서, 조력회의 여러 가지 활동을 통해서, 또 시어머니 봉양 등 가정에 충실함으로써 자신이 뜻한 바를 차근차근 이루고자 했다. "한국 여성들은 가진 것이 너무 적으나 하는 일이 너무 많다. 이에 비해 미국 여성들은 너무 많이 가졌으나 너무 적게 일한다"는 미국 선교사의 시각이 나오던 때였다. 김필례의 마음 저 밑바닥에는 교육을 통해서 여성의 사회 기여나, 더 나아가 나라의 독립 같은 커다란 일도 가능할 것이라는 믿음이 깔려 있었을 것이다. 그러자니 몸과 마음이 얼마나 힘들었을까. 자신의 신념을 실천으로 옮기면서 김필례의 삶은 평생 동안 사회 활동과 가정생활을 모두 빈틈없이 병행하려는 완벽주의의 고단한 삶으로 이어졌다.

초창기 광주 시절인 1920년 윈스브로우가 방문했을 때 선생이 합창단을 지휘했다는 기록도 있지만, 주로 미국 조력회 본부에서 오는 모든 문서를 번역하여 이를 한국 실정에 맞게 규정을 만들고 서클 운영 세칙을 만드는 일을 하게 된다. 흔히 한국 여권운동의 시발이 되었다는 YWCA 창립을 위해 전력을 기울였던 시기에 후에 여전도회가 되는 조력회의 일도 함께해 나갔던 것이다. 가히 초인적인 활동이라고 말할 수 있겠다. 개인적인 아픔을 잊기 위해 일에 전념했을 것이라는 단순한 심리적 추측도 가능할 수 있겠지만 진정으로 하고자 했던 마음속 욕구를 가정을 위해 억눌러 왔기에, 비로소 어린 시절부터 다져 왔던 나라와 민족을 위한 과업 완수를 교육과 기독교를 통해 밟아 간 과정이라고 볼 수 있겠다.

1925년 김필례가 조지아 주에 있는 아그네스 스콧 대학으로 유학을 가게 된 데는 조력회의 전적인 도움이 있어 가능했다는 것은 앞에서 이미 밝혔거니와, 미국의 부인조력회 쪽에서 보면 해외에 첫 번째로 설립된 부인조력회의 인재 양성이라는 명분과 가치가 있는 일이기도 했다.

1927년 여름, 유학을 마치고 돌아온 김필례는 장로회 조력회에서 본부와의 연락을 통하여 한글로 번역하고 수정하는 작업을 하는 등 여러 일들을 음으로 양으로 도우면서 정식으로 전국여전도회연합회 조직을 승인받게 된다. 이후 서서평이 저혈압과 만성 빈혈 등 건강 때문에 일을 계속하지 못할 때 김필례가 그 공백을 메운다.

이 시기의 생활은 낮에는 수피아여학교에 나가 학생들을 가르쳤고, 밤에는 야학에 나오는 학생들*을 정성을 다해 가르쳤다. 집에서는 집안일을 하는 틈틈이 번역을 하고, 주말에는 개척교회에 나가 봉사했다. 그야말로 쉼 없는 열정으로 일을 해나간 것이다.

1933년 9월 장로교 부인 전도회 총회에 대해 타마자 부인이 쓴 글을 보면 그 총회에는 미국인들이 잘 아는 김필례 여사가 있었고 그녀가 부의장이 되었다는 기록이 있다. 김필례는 전남여전도연합회 설립자로 서서평, 도마리아와 함께 기초를 닦았고 서서평, 사라 뉴랜드Sarah Newland에 이어 3대 회장이 된다. 이후 서서평이 못다한 여전도회의 꿈을 이루기 위해 많은 애를 쓰게 된다. 이 시기의 김필례에 대해서 서서평의 시각으로 "광주에서 시작된 부인조력회와 YWCA 운동을 여성운동의 광맥이라 한다면 이 수고의 정점에는 김필례가 있다고 해도 지나치지 않을 것입니다. 특히 그가

---

* 교육에서 중요한 농촌계몽운동은 1931년 동아일보사에서 '브나로드'(V-NAROD, 민중 속으로) 운동을 시행함으로써 대중적 지지를 얻었는데, 1935년 소설 공모를 통해 당선된 심훈의 『상록수』(동아일보 1935. 9.10~1936. 2.15 연재)는 YWCA 농촌계몽사업의 일환으로 원산여고를 나와서 수원의 샘골로 파견된 최용신을 모델로 했다.

미국에서 공부를 마치고 돌아온 이후 WCCWorld Council of Church, 세계교회협의회, WSCFWorld Student Christian Federation, 세계학생그리스도교연맹 등 세계적인 기독교 기관과의 연대로 지경을 넓혀 나갔습니다"라고 평가하기도 한다.

부인조력회(현 여전도회연합회)는 1938년 9월 장로교 총회에서 신사참배가 결정되자 총회와 정반대로 신사참배 거부라는, 당시로서는 가장 적극적인 저항의 길로 접어들면서 지하로 숨어 들어가게 된다. 신사참배를 거부하던 여전도회는 황군 위문금을 내고 황군의 무운장구를 비는 일에 동원되는 등 부일 협력의 행태를 피하지 못하다가 1943년 장로회 총회가 일본 기독교 조선장로단으로 변질되자 그해에 공식 활동을 완전히 멈춘다.

『광주YWCA 70년사』를 보면 첫 장의 첫 문장이 김필례의 기도로 시작된다. 기도에 이어 "1922년 여름, 조선여자기독교청년회(YWCA 연합회) 창설자 중의 한 사람인 김필례는 삼 개월 전부터 기도로 다짐해 오던 광주YWCA 창설을 위해 양응도(김창국 목사의 부인, 시인 김현승의 모친), 김함라(남궁혁 목사의 부인), 임자혜(김강 장로의 부인)와 함께 양림리 그의 집에서 기도를 드리고 있었다"며, 김필례가 YWCA 운동을 소개하고 일제의 압박 하에서 민족의 암흑기인 당시에 민족이 나아갈 길을 제시하였다고 그녀의 업적을 명기하고 있다.

실제로 광주YWCA는 1922년 김필례의 적극적 활동을 통해 조직되었는데, 야학반 운영은 광주YWCA 초창기 활동의 중요한 사업이었다. 야학반 과목으로는 한글·산수·음악·성경이 있었고, 김필례와 임자혜가 주로 운영하는 중에 소설가 박화성도 잠시 교사로 봉사하였다. 학생들이 보통 백 명 안팎, 많을 때는 삼백 명까지 모여 비좁은 장소에서 서서 공부하는 경우도 많았다고 한다. 연령 제한 없이 배우고 싶어하는 사람들은 모두 받아들여 마흔 살이 넘은 부인들도 섞여 있었다. 학교에 갈 수 없는 가난한 가정의 딸, 유학생 남편을 둔 새댁, 부잣집 며느리, 이혼을 당한 여성들도 있었다.

이렇게 광주에 야학이 성할 수 있었던 것은 당시 사회의 요구가 그만큼 컸다는 점과 함께 김필례의 인물됨이 작용했다고 본다. 당시 광주에는 욱고녀旭高女, 현 전남여고와 수피아여학교가 있었는데, 완고한 집안에서는 과년한 딸을 학교에 보내지 않는 경우가 많았다. 그러나 이 야학반에는 보내 주는 가정이 많았는데, 그 이유는 김필례가 까다로운 시어머니 밑에서 고된 시집살이를 하면서도 시어머니 봉양을 잘하고, 직장생활도 잘하는 것이 소문이 나서 "그렇게 시어머니를 잘 모시는 신식 며느리라면 안심하고 맡기겠다" "너도 가서 그 사람처럼 되어 오너라"며 보내 주었다고 한다. 선생의 보수적 여성론이라 할 수 있는, 보수와 전통의 시각에서도 충분히 인정받는 삶을 실제로 보여 줌으로써 많은 사람들에게 여성 교육의 필요성, 나아가 여성의 사회 기여 등의 여론이 형성되었던 것이다. 이와 비슷하게 1945년 광복 이후 정국이 어수선해서 나라의 앞길이 막막했을 때도 오로지 김필례가 교장이라는 사실만으로 교장의 인품을 믿고 딸을 수피아에 보낸 경우도 있었다.

한국에 YWCA가 탄생할 수 있었던 직접적인 동기는 "한국 여성들의 자각과 때맞춰 들어온 세계 YWCA의 조직 확장 운동과 함께 김필례·김활란 두 사람의 선각적인 활동, 그리고 이상재·윤치호·신흥우 등에 의해 활발히 전개되어 오던 YMCA 운동의 결과"*라고 본다. 1924년 1월 세계 YWCA에 우리나라 가입 희망을 서신으로 보냈고, 같은 해 5월 워싱턴에서 실행위원회가 열렸을 때 유학 중이던 김활란을 파견하여 우리나라의 가입을 정식으로 신청했다. 10월에는 우리나라 YWCA 사상 첫 간사 훈련 계획에 따라 당시 총무로 일하던 김성실을 뉴욕 YWCA 훈련원에 연수를 보내기도 했다. 세계 YWCA 실행위원회는 오랜 토의 끝에 우리나라를 개척 회원국으로 가입시켰다. 이렇게 세계 YWCA 개척 회원국이 된 우리나라는 1930년 세계 YWCA 정회원국이 되었다.

조선 YWCA는 일제 말기 살벌한 탄압과 전쟁으로 인한 압박 등으로 1938년 일본 YWCA에 흡수 통합되면서 지부

---

* 그런데 김필례와 김활란은 일제에 대한 태도에서 극명한 차이가 난다. "김활란은 대표적인 여성 지도자였으나 일제강점기의 행적으로 부정적 평가를 피할 수 없으나, 김필례는 폐교를 불사하면서 신사참배를 거부하고 기독교 사상과 민족의 자립 사상을 유지하고자 했던" 사람으로 대비되고 있다.

로 명맥을 유지하다가 1941년부터 활동을 완전히 중단한다. 그러나 광주YWCA는 1938년 자진 폐쇄함으로써 일본의 지부가 되는 것을 거부했다. 제2차 세계대전 중인 1941년 12월 일본 전함이 진주만을 공격함으로써 미국과 일본은 전쟁 상태에 돌입, 미국과 적대적 관계가 된 일본은 기독교인들에 대한 압박을 노골화하면서 선교사들과 가까웠던 사람들을 잡아다 미국의 앞잡이라는 죄목으로 취조하고 구금시켰다. 광주에서는 최흥종 목사, 김필례, 조아라 등 선교부와 각별한 관계가 있던 이들이 가혹한 구금 생활을 견뎌야 했다. 일제 치하 말기에 더욱 가멸차지는 탄압과 부일, 학도병 강제 동원 등에도 이들은 친일 행동을 하거나 친일 단체에 이름을 올리지 않았고, 해방 후 한국 교회 발전에 크게 공헌한다.

여기서 언급된 최흥종* 목사는 김필례의 시아주버니, 남편 최영욱 박사의 형님으로 광주 기독교에서 그의 존재는 지금도 영적 거인이라고 불릴 정도로 대단하다. 최흥종은 삼일운동 당시에는 청년지도자로서 독립투사로 활동했는데, 1922년 평양신학교를 졸업하고 북문밖교회 목사로 시무하

---

* 오방 최흥종(1880~1966)은 최영욱의 이복형이다. 어머니 공 여사가 최씨 가문에 재취로 들어가서 낳은 아들이 최영욱이다. 최흥종은 성직자이자 기인, 영원한 자유인으로 불리기도 한다. 광주에 있는 거리 오방로는 그의 호를 딴 거리이고, 소설가 문순태가 그의 일대기를 쓴 『성자의 지팡이』가 있다. 광주 지역에서 지금까지도 대단하게 존경받는 인물이다. 2018년 12월 23일 성탄 특집으로 SBS 일요특선 〈작은 예수 오방(五放) 최흥종〉이 방영되었다. 그의 조카(누나 아들)가 중국 국적의 음악가로 중화권 사람들 감성을 일깨웠다는 평을 받고 있는 정율성이다.

던 해 광주YMCA를 창설했다.

최흥종은 젊은 시절 거칠게 방황하며 살던 사람으로, 이십대까지 '최망치'로 불리던 악명 높은 건달이었으나 스물네 살 무렵에 김총순金總巡, 본명 김윤수을 만나 기독교를 접하면서 새사람이 되고, 광주기독병원 윌슨Robert M. Wilson의 조수(의료 훈련생) 겸 한국어 선생이 된다. 오웬이 사망하던 날, 오웬을 치료하기 위해 목포에서 광주로 오던 윌리엄 포사이스William H. Forsythe, 한국명 보위렴*가 나환자 여성을 데리고 오는 모습에서 최흥종은 거듭남을 경험하고 난 후, 의료 훈련생을 포기하고 윌슨의 앞마당에 몰려든 나환자들을 돌보기 시작한다. 그러다가 급기야 봉선동에 있는 땅 천 평을 기증하여 광주기독병원 부설 '광주나병원'을 시작하는 결정적인 계기를 제공한다. 그는 대부분의 사람들이 경원시하고 가까이 하지 않으려 했던 이 땅의 나환자들을 위해 온몸을 던져 헌신했다. 그는 윤치호, 조병옥, 송진우, 김병로, 이인, 안재홍, 김성수, 백관수, 서연희, 최순원 등과 나환자근절협회를 만들어 구라사업(나환자를 구하는 사업)을 열정적으로 해나갔다. 그가

---

* 포사이스는 1904년 부임 전주 예수병원에서 첫 사역을 시작한 의사로, 말골 마을에서 무장 괴한에게 상처 입은 사람들을 치료하던 중 본인도 습격당하여 심각한 부상을 입고 치료 차 미국으로 갔다. 다시 1908년 목포로 파송, 오웬의 병이 심각하다는 연락을 받고 조랑말을 타고 광주로 가던 중 길가에 방치된 한센병 환자를 발견, 말에서 내려 자신의 외투를 벗어 주고 나환자를 태우고 직접 견마잡이를 해 광주로 온 선한 사마리아인이다. 한센병 환자를 위한 사역 도중 풍토병에 걸려 미국으로 돌아가 한국 선교와 한센병 환우를 위한 모금운동을 하다가 마흔다섯 살에 세상을 떠났다.

여든일곱 살의 나이로 소천했을 때 음성 나환자 수백 명이 아버지를 부르며 흐느껴 울었다는 데서 그의 삶이 어떠했는 지 잘 볼 수 있다. 그의 박애 정신을 기리며 사람들은 그를 '빈민선교의 선구자'라고 불렀다.

사실 집안의 장손인 최흥종 목사의 이런 열정적 헌신과 봉사는 상대적으로 집안일에 소홀해질 수밖에 없어 집안일 은 자연 김필례와 부군 최영욱의 몫이 되었다. 조카 득은(최흥종의 아들)을 결혼시키는 일도 김필례가 애써서 성사시켰고, 선산 관리까지 선생의 손을 거쳐야 했다. 앞에서도 강조했 던 것처럼, 김필례는 배우지 못한 사람보다 배운 사람이 뚜 렷이 낫다는 표본을 보여야 한다는 신념을 소싯적부터 지녀 왔고, 그것은 자신의 가정에서부터 비롯되어야 한다는 믿음 이 강했다. 그리고 홀시어머니를 정성껏 모시는 것이 그 가 운데 으뜸이라고 생각했다. 잔병과 지병에 시달리는 시어머 니를 위해 믿을 만한 한의사의 처방을 받아 인삼과 대추를 달여 그 물에 차조를 넣고 살짝 끓인 뒤 체에 받쳐 꿀과 함께 복용토록 한 일은 어렵기도 하지만 무엇보다도 정성이 가야 하는 일이었다. 며느리의 정성과 기도로 시어머니는 건강을 회복하여 백한 살까지 살았다. 가족이나 친척들은 시어머니 의 장수가 며느리의 정성 덕분이라고 칭송했다.

직장이나 사회 활동을 하다 보면 가정사에 소홀해지기 쉬 운데 김필례는 참으로 여러 면에서 완벽을 기했다. 효부에

현모양처의 삶이 본인이 원하는 바였지만 무척 고단한 삶이었다.

김필례가 YWCA 활동에서도, 특히 광주YWCA 창설자이자 초대 총무로서 광주 여성 사회에 산 신앙과 참교육을 실천하고 헌신하였음은 이미 잘 알고 있지만, 일제 치하에서 해방될 때까지 그 사이 김필례는 어떻게 지냈을까?

> 김필례는 한국 YWCA 초대 순회총무로 전국 열일곱 곳을 순회강연하면서 지방 조직을 하였을 뿐 아니라 광주 YWCA 창설자이자 초대 총무로서 도미 유학 기간인 삼년을 제외하고 서울로 이주하게 되는 1947년까지 계속하여 광주 여성 사회에 산 신앙과 참교육을 실천하고 헌신하였다. 일제 치하에서는 신사참배, 창씨개명 문제로 경찰에 끌려가 고초를 당하였고 사람들을 선동한다는 트집을 잡아 삼 년 동안 교회마저도 다니지 못하게 방해를 받았는데 일제 말에는 농사일에만 전념하면서 번역과 저술에 몰두하다 해방을 맞았다.

1940년에 발행한 책으로 『포스터Forster가 들려주는 성경 이야기』는 인사례Charlotte W. Linton 부인이 재정 지원을 하고 김필례가 『성경사화대집』이라는 제목으로 번역했는데, 성경 이야기를 좋아하는 아이들에게 많이 읽혔다고 한다.

YWCA는 해방 후 다시 부활하여 오늘에 이르고 있다. 광주에서 YMCA는 YWCA보다 이 년 먼저 창설되었는데 회장을 최병준, 최흥종 목사, 최영욱 박사가 역임했고, 광주 지역에서는 YMCA와 YWCA가 합동 행사를 치르는 경우가 많았다고 한다.

해방이 되고 미군정이 실시되면서 전라남도 협동지사가 된 남편 최영욱 박사를 도와 김필례는 오전에는 도청에서 문서 번역을 하고 오후에는 수피아여학교 교장으로서 학교 재건을 위해 바쁘게 일했다. 김필례는 새로 조직된 애국부인회 전남 지부장이 되어 제일 먼저 국기 보급하는 일에 힘썼다. 전남방직에서는 태극기를 만들 수 있도록 충분한 양의 옥양목을 대주었다.

해방 후 혼란이 극에 달해서 무법천지에 아수라장이나 다름없었던 광주에서 김필례는 광주YWCA 회원들과 함께 윤락여성들과 감옥에 갔다 온 여성 전과자들을 모아 자수와 편물 등 직업교육을 실시하고 갱생의 길을 갈 수 있도록 직업을 알선해 주었다. 이념 투쟁이 심한 해방 정국에서 학교는 그 투쟁의 첨예한 공간이 되기도 했는데, 좌익 쪽의 학생들이 선생의 저고리 소매를 잡아채 소매가 터지는 일도 있을 정도로 괴롭히고 적대적으로 대했어도 그대로 넘어갔던 선생이지만 본인이 출타 중일 때 형사들이 와서 좌파 학생들로 추정되는 몇몇 학생들을 연행해 가는 일이 생겼을 때는 경찰서로 가서 교장의 동의 없이 교내의 학생들을 연행할 수 없다는 사실을 환기시키고 항의한 끝에 학생들을 모두 데리고 왔다.

학교 전체가 허둥대었던 만큼 모두들 교장의 수고에 고마워했지만 김필례는 평상시와 같았다. 자신의 수고로움을 과시하거나 생색을 내지 않는 성격과 학생을 우선시하는 교육 방침이 그대로 드러난 사건이었다. 한편으로는 광주 군정청에 나가 통역과 번역 일을 하고 수피아여학교 일을 열심히 하여 당시 국회의원이자 언론인, 교육자인 임영신 박사가 광주에 왔다가 보고 "에스더처럼 나라를 위해 일을 한다"고 하기도 했다.

미군정이 실시되는 동안 일제에 의해 강제 출국 당했던 선교사들도 돌아왔는데 수피아여학교 교장을 지낸 대니얼 커밍Daniel J. Cumming, 김아각 목사, 광주기독병원장을 지낸 윌슨 등이 다시 돌아와 예전에 하던 일들을 잇게 되었다.

한국전쟁 당시 세계여전도회 회장 대회에 참석차 미국에 있었던 김필례는 YWCA의 협력을 받아 시카고에 머무르고 있었다. 한국으로 갈 수도 없는 상황에서 당시 한국전쟁 와중에 미국으로 피신해 나와 있던 선교사들이 선생을 도왔다. 한국의 어려운 형편을 알리고 또 공산군에게 남편이 희생당한 개인적으로 비극적인 상황에 처한 선생의 초청 강연을

목련상 수상 축하 행사. 연지동 교정(위)과 YWCA 강당(아래)에서. 1972년.

통해 한국을 위해 기도하고 물질적으로 도울 수 있도록 애썼다. 열아홉 개 주의 미국 교회들을 방문하여 호소하고 의회에 도움을 요청해서 선생이 한국으로 돌아올 때에는 미국 교회와 구제 기관에서 보내 준 구호 물자가 배편으로 이미 부산에 도착하여 선생의 사인을 기다리고 있었고, 기독교세계봉사회Church World Service, CWS 사무실을 열어 전쟁 난민들을 구제하는 데 많은 도움을 주었다.

김필례는 YWCA 활동의 공로를 인정받아 다양한 수상을 하는데, 1952년 11월 9일 YWCA 세계친선기도 주간에 창립 삼십 주년을 기념하여 김활란·유각경과 함께 피난지 부산에서 표창을 받았다. 이화여대 YWCA는 〈YWCA는 이렇게 자랐다〉라는 역사극을 공연했고, 1972년 8월 26일에는 정부로부터 YWCA 설립 공로를 인정받아 국민훈장 목련장을 받았다.

수피아여학교는 미국 남장로교, 스코틀랜드 출신의 유진 벨(배유지) 선교사가 1908년 4월 1일 설립한 학교다. 김필례는 결혼하고 광주에 살면서 수피아여학교 교사를 지냈고(1920~1923) 미국 유학을 다녀온 후 1927년 7월부터 1938년 6월까지 수피아여학교 교감을, 해방 후 이 년 정도(1945. 9~1947. 2) 수피아여학교 교장을 지냈다. 광주에서 산 기간을 삼십 년으로 볼 수 있는데 이십 년 가까이를 수피아여학교와 함께 보낸 셈이다. 수피아여학교는 1937년 9월 신사참배를 거부하고 자진 폐교를 했으며, 신사참배를 거부한 일로 김필례는 열닷새 동안 수감 생활을 했다.

해방이 되고 수피아여학교를 재건하게 되었는데, 그때 졸업생 중에 조아라가 있었다. 그녀는 수피아여학교가 문을 닫을 때 경매를 부쳤던 물건 중에서 재봉틀을 사다가 삯바느질을 하며 어렵게 살아가고 있었는데, 바로 그 재봉틀을 수피아 재건을 위해 선뜻 내놓아 많은 이들을 감동시켰다는 일화가 있다. 소심당素心堂 조아라(1912~2003)는 김필례가 수피아여학교에 재직하던 1923년에 만난 제자인데, 후에 '광주의 어머니'라 불리면서 여성, 인권, 사회복지 운동가로 평생을 광주YWCA와 함께한 인물이다. 그녀가 광주 수피아여고에 진학하면서 여성운동의 선배이자 광주YWCA를 창설한 김필례를 선생으로 만나면서 조아라는 평생을 바쳐 헌신하는 광주YWCA와 인연을 맺게 된 것이다. 조아라의 재봉틀 헌납 같은 소식들이 빠르게 퍼져 나가면서 학교는 빨리 본래의 모습을 되찾게 되었다. 1947년 12월에는 학교 개교 허가를 받고 정식으로 개교하게 되는데, 수피아 재건이 이렇게 순조로울 수 있었던 것은 교장인 김필례의 노력과 졸업생들의 적극적인 지원도 중요했지만 전라남도 도지사로 있던 남편 최영욱의 지원도 크게 작용했다.

정신여학교 교사 생활과 미국 유학

김필례의 광주 시절을 1918년 결혼부터 1947년 정신여학교 교장이 되어 서울로 올 때까지 삼십 년 정도로 볼 때, 가장 바빴던 1920년대 약 오 년 동안은 김필례가 광주를 떠나 정신여학교 교사로 잠시 근무하고 미국 유학을 갔다 온 시기다. 김필례는 1923년 4월 모교 정신여학교에서 급하게 찾으면서 교감 겸 교무주임을 맡게 되고, 1925년 1월에는 미국 아그네스 스콧 대학에서 학업을 시작한다. 1916년부터 이 년 정도 교사로 일하다가 결혼과 함께 떠나왔던 모교 정신여학교에서 1923년 다시 부름을 받자 김필례는 그것이 하나님의 부르심이요, 뜻이라고 생각해 광주를 떠나 서울로 온다. 시어머니는 아들도 미국 유학 가 있는 만큼 며느리가 서울 가는 것을 무척 서운해했다.

김필례가 서울역에 도착하자 루이스 교장이 마중나와 있었는데 표정도 어두웠고 말도 없었다. 무슨 곡절이 있나 보다 생각했는데, 정신여학교 학생들이 루이스 교장을 배척하는 거부운동을 일으켰다는 것을 다른 사람들을 통해 알게 되었다. 당시 이사장이었던 언더우드 2세가 이런 사태를 해결하기 위해 선생을 불러오자고 한 것이었다. 그제야 비로소 루이스 교장의 태도가 이해되었고 그 복잡한 심사가 헤아려졌다.

선생 김필례는 루이스 교장의 상한 마음을 조금이나마 위로하기 위해 어른을 공경하는 한국의 전통 예절 방식을 따라 아침마다 루이스 교장을 찾아 문안 인사를 드렸다. 루이스 교장이 문안 인사를 받든 받지 않든 상관없이 필례는 하루도 이를 거르지 않았다.

한 달 정도 지나자 루이스 교장은 "필례 선생 같은 사람 처음 봤다"며 비로소 반가워했다. 선생 필례는 학교 일을 처리하며 교장과 늘 상의하고 교장의 뜻을 존중하면서 처리하여 루이스 교장의 자존심과 상처받은 마음이 아물 수 있도록 애썼다. 선생 필례는 행정력과 인간관계의 폭이 넓었던 것 같다.

김필례가 정신여학교 교무주임이 된 다음 보니 학교에 피아노가 한 대도 없음을 알게 되어 무척 안타까운 마음이 들었다. 테일러 상회*에 피아노가 들어왔다는 소식도 들었는

* 테일러 상회는 딜쿠샤(종로구 행촌동 소재 은행나무 옆 붉은 벽돌의 서양식 가옥으로 '기쁜 마음의 궁전'이란 뜻의 산스크리트어) 주인 앨버트 와일더

데 학교 형편으로는 도저히 구입할 형편이 못 되었다. 마침 정신여학교 이사장이기도 했고 필례를 정신여학교로 불러들인 언더우드 2세Horace Horton Underwood, 1890~1951, 원한경가 남대문에 있는 그의 아버지 집을 판 돈을 가지고 있을 거라고 누군가 귀띔을 해줬다. 필례는 그 돈을 융통해 보기로 했다. 언더우드 2세는 소래마을에서 어릴 때 같이 자란 죽마고우 같은 사이였다. 필례는 언더우드 2세를 찾아가 학교 피아노를 사야 하므로 돈을 빌려 달라고 단도직입적으로 말했다. 그는 "조선 사람에게 돈을 빌려주고는 받은 적이 없다"는 말을 농담처럼 건네며, 그렇지만 필례 선생은 다를 것이라 믿는다며 거금 팔백 원(당시 쌀 한 가마 값이 오 원)을 빌려주었다. 피아노를 사게 되자 학교 구성원 모두 좋아했는데, 특히 음악

테일러(Albert W. Taylor)가 동생 윌리엄(William Taylor)과 함께 경성부 태평통 2정목(현재 태평로)에 설립했으며, 이 상회를 통해 크라이슬러 자동차, 축음기, 타자기 등 여러 제품을 판매했다.

앨버트 테일러(1875~1948)는 운산금광을 운영하고 있던 아버지 조지 알렉산더 테일러(George Alexander Talyor)의 일을 돕기 위해 1897년 조선에 왔는데, 1905년경 독립하여 직산금광을 매입, 경영했다. 테일러 회사는 동생 윌리엄 테일러가 주로 운영했다고 본다. 앨버트 테일러는 상업과 광산업에 종사하던 중 1919년 에이피(AP) 통신사 임시특파원으로 삼일운동 재판 과정과 제암리 학살 사건을 취재했다. 아들 브루스 테일러(Bruce Taylor)가 세브란스병원에서 태어났을 때(1919.2.28) 간호사들이 인쇄된 문서를 아기 침상 밑에 숨기는 것을 보았는데, 그것이 독립선언서임을 알아챈 앨버트 테일러는 독립선언서와 삼일운동 관련 기사를 작성하여 외국에 알리고자 했다.

일제 패망 후 한국으로 돌아오려던 중 심장마비로 갑작스럽게 죽은 후 그의 소원대로 양화진 외국인 선교사 묘역에 안장되었다. 이후 저소득층의 무단 거주 등으로 방치되어 있던 딜쿠샤는 복원 공사(2018.11~2019.3)를 거쳐 2021년 3월 1일 하우스 뮤지엄으로 개관했다.

선생 김형준이 좋아했다.

김형준은 〈봉선화〉(홍난파 작곡)*의 작사자로 정신 옛 교가의 작사자이기도 하다. 음악 지도를 받는 학생들도 모두 좋아했음은 물론이다. 피아노를 사느라고 빌린 돈을 갚기 위해 정신 가족들은 온힘을 다했다. 동창들은 교정 뒤 잔디밭에서 바자회를 열어 돈을 마련했고, 필례 선생과 루이스 교장은 학부모의 찬조금을 받아냈으며, 학생들도 계피떡을 팔아 돈을 보탰다. 필례 선생은 시청각실에서 음악회를 열어 입장료를 오 전씩 받기도 하며 돈을 모아 그해 가을 천 원을 만들어 이자까지 계산해서 모두 갚았다. 언더우드 2세는 한국 사람에게 빌려준 돈을 이자까지 받았다며 매우 좋아했다. 선생 필례는 그 뒤 다시 피아노 한 대와 오르간 한 대를 월부로 더 들여왔고, 동경 영화음악전문학교에서 배운 피아노 솜씨가 대단했던 만큼 방과 후 학생들을 상대로 개인 레슨을 하여 그 레슨비를 모아 월부금을 갚아 나갔다.

미국 유학을 떠나기 직전인 1924년 12월까지 레슨을 계속하다가 미처 갚지 못한 잔금은 루이스 교장과 정신학교가 맡아 갚았다. 그동안 번역과 저술 활동도 계속했다는데 짧은

---

* "울 밑에 선 봉선화야, 네 모양이 처량하다"로 시작하는 이 노래는 일제강점기에 우리 민족의 모습을 생각하게 되면서 많은 사랑을 받아 남북에서 모두 애창되었는데 북한에서도 민족의 노래로 높이 평가받고 있다. 본래 〈봉선화〉가 곡 이름이었는데 현대 맞춤법에 따라 〈봉숭아〉로 바뀌었다. 작사자 김형준은 우리나라 최초의 여류 피아니스트로 알려진 김원복의 부친이다.

김필례의 아그네스 스콧 대학 졸업 기념 사진. 1926년.

시간에 한 일이 참 많았다.

김필례가 유학을 가는 아그네스 스콧 대학은 규모는 작으나 하루 스물네 시간 전인교육을 실시하는 대학으로 전교생이 기숙사 생활을 하고, 졸업 후 사회에 진출해서 직업 활동을 하고, 소액이나마 수입의 일정액을 학교에 기부하는 전통이 있었다. 김필례는 이 같은 학교 교육 방침에 감동을 받아 후일 서울여자대학을 설립할 때 이 대학을 모범적인 기준으로 하여 산파 역할을 하게 된다. 아그네스 스콧 대학은 또 당시 우리나라에 나와 있던 선교사들이 공부하러 갔던 곳이기도 하다. 실제로 당시 한국에 나와 있던 선교사들 가운데 안식년을 얻어 미국에 돌아갔다가 석사학위를 취득하고 돌아온 경우가 여럿 있었다. 따라서 막연히 또 당연히 김필례가 그들 선교사들의 도움으로 그들이 다녔던 학교로 갔을 것이라고 일반적으로 추측할 수 있다.

실제로 그런 경우가 많았는데 구체적으로 살펴보면 우선 남장로교 여전도회의 윈스브로우, 서서평 등의 도움으로 미국 유학을 가게 되는데, 당시 수피아 교장을 하던 유화례 선교사가 아그네스 스콧 대학과 컬럼비아대학교 대학원을 나왔던 만큼 그녀의 추천 및 영향을 받았을 것이다. 또 1925년 정신여학교가 폐교 위기를 맞았을 때 도움을 받은 밀러 부인

등 비슷한 과정을 밟은 선교사들도 상당수 있다.*

　김필례가 남장로교의 전폭적인 지원을 받아 컬럼비아대학교 교육대학원에서 중등교육행정을 전공하고 일 년 만에 올 수 있었던 것도 이들 전임 선교사들이 밟은 과정과 비슷한 과정을 거쳤기 때문으로 보인다. 김필례의 활동을 중심으로 볼 때 미국 남장로교는 광주 중심으로 후원을 하였고, 정신여학교는 주로 북장로교의 지원을 받았다.

　잠깐 시곗바늘을 뒤로 돌려 보면 미국 남장로교 한국선교회는 1911년에 각 선교부 선교병원에서 훈련받는 조수들 가운데 우수자를 선발하여 세브란스 의학전문학교에 보내 의사로 양성키로 결정하였는데, 이 가운데 한 사람이 광주의 최영욱이었다. 1920년 최영욱의 미국 유학도 남장로교의 후

---

*　앨리스 아펜젤러(Alice Rebecca Appenzeller, 1885~1950)는 조선에서 태어난 최초의 서양인으로 배재·이화학당을 설립한 분인데, 1921년 안식년을 얻어 미국 뉴욕으로 갔을 때 컬럼비아대학교에서 교육학 석사학위를 취득(1922)하고 돌아왔다.
윌리엄 린튼(William Alderman Linton, 인돈, 1891~1960)은 남장로교 한국 선교사로 1912년에 입국해서 군산에서 교육 선교사로 활동하다가 후에 대전 대학(현재의 한남대학교) 설립 후 초대 학장(1959)이 되었는데, 그가 그 사이에 컬럼비아대학교 교육대학원을 졸업하였다.
존 레이놀즈(John Bolling Reynolds, 이보린, 1894~1970)는 남장로교 선교사 가족으로 서울에서 레이놀즈 선교사의 둘째 아들로 태어나 1930년 남장로교 선교사직을 사임한 후 미국으로 돌아가서 컬럼비아대학교 교육대학원에서 수학을 전공했다. 이들 선교사들이 처음부터 여기를 다닌 것은 아니고 한국에서 선교사 활동을 하다가 주로 안식년을 얻어 미국에 갔을 때 이 학교에서 공부하고 석사학위를 받아 돌아왔다.

원을 받아서 간 것이다. 아들을 잃은 지 한 달여 만에 최영욱은 가족과 병원을 그대로 놔둔 채 미국으로 건너가 켄터키주립대학 의학부에 들어가 학업을 마치고 1926년에 에모리대학Emory University에서 의학박사 학위를 받았다.

이때 김필례는 1918년 결혼한 이후 광주에 살고 있었는데, 1920년 미국 남장로교 여전도회의 총무 윈스브로우 여사가 강연을 할 때 통역을 맡게 되었다. 선생의 유창한 영어 실력을 보고 윈스브로우 여사가 미국 유학을 제의했고, 김필례는 당시 남편도 유학 중이라 기쁘게 수락했다. 1925년 1월 아그네스 스콧 대학에서 학업을 시작하여 1926년에 졸업하고, 다시 뉴욕 컬럼비아대학교 대학원에서 석사 과정을 거쳐 1927년 석사학위를 받을 때까지 미국 남장로교 여전도회에서 학비를 다 대주었다. 그리고 주말에는 여전도회에 데려가서 자기들이 하는 일을 보여 주고 설명하며 가르쳐 주었다.

김필례는 이때 배운 것을 기초로 하여 1927년 한국에 돌아와서 여전도회를 조직하는 데 힘을 기울였고, 십일조 헌금을 강조해서 각 교회마다 전도부인 월급을 담당하는 데 사용하도록 했다. 김필례 부부의 미국 유학과 그로부터 이어지는 그 후의 활동에 미국 남장로교의 후원이 대단한 밑거름이 되었음을 알 수 있다.

1922년은 특히 YWCA 활동으로 매우 바빠 살았음을 확인하게 되는데, 이 책의 제목으로 '쉼 없는 열정'을 생각하게 된 것도 이 시기의 숨가쁠 정도로 바빴던 김필례의 삶을 보며 떠올랐던 말이다. 1925년 조력회의 도움으로 미국 유학을 떠났고 유학 중에도 김필례의 쉼 없는 활동은 지속된다. 그 사이에 일제의 간섭과 억압은 더 심해졌다.

> 총독부, 학무국에선 여자고등보통학교의 인가를 받으라
> 했다. 그러려면 성경을 정규 과목으로 넣을 수 없었고 장
> 로교선교부에선 학교 설립 근본 취지에 위배된다고 하
> 여 처음부터 응하지도 않았고 그래 학무국에선 지정학
> 교로서 시험에 통과하여야만 그대로 존속할 수 있다고
> 위협하는 것이었다. 학교일을 도맡아 보던 그때 참 마음
> 놓고 잠 한잠을 편히 잘 수 없었다. 수시로 시학관 (지
> 금의 장학관)들이 와서 지정 시험을 보곤 했다. 사실 그
> 당시 정신은 시설이 완비되었고 애국심이 있는 학교로
> 제일이었다. 그러기에 일본인들은 번번히 지정 시험에
> 부좀를 놓았던 것이다.

김필례가 미국으로 유학 갈 때는 정신여학교 교무주임의 일을 보고 있을 때였는데, 일제의 간섭과 억압으로 안 그래도 노심초사할 때였다. 예정된 미국 유학길에 올랐지만 마음이 편치 않았을 터인데 그 사이 정신여학교는 존폐 위기에 놓이는 상황이 되었다.

해로 수만 리 다시 면학의 길로 떠난 것이 1924년 12월
이었다. 미국 뉴욕에서 공부를 하고 있을 때 정신은 마
침내 지정 시험의 불합격으로 폐쇄되었다는 내전이 있
었다. 정신은 위기에 선 것이었다. 그 이유는 지정을 받
지 못한 학교였기 때문이며 또한 앞으로는 서울에 있
는 정신보다는 평양에 있는 숭의崇義에 더 주력을 둔다
는 것이다.

마침 루이스 교장이 안식년을 맞아 미국에 가 있을 때 일
어난 일로, 루이스 교장은 뉴욕에 있는 김필례에게 이 사실
을 알렸고, 필례는 시카고에 있는 조카 김마리아에게 알렸
다. 정신여학교 교장을 지냈던 밀러 부인도 컬럼비아대학교
에서 연구 중이었다.

김필례와 김마리아, 두 사람은 함께 정신의 위기를 타개하
기 위해 공동의 노력을 하게 된다. 우선 선교본부를 찾아가
정신여학교가 살 길을 호소했다. 두 사람은 정신이 걸어온
길, 정신의 존재 의의와 한국의 사정을 호소 및 역설하고 앞
으로 십 년만 더 기다려 줄 것을 간곡하게 호소했다. 그러면
서 그 후에는 경기 노회에서 책임지고 경영하겠다고 말하고
현재 학교 경비의 삼분의 일을 장만하겠다고 약속했다. 그리
하여 간신히 선교본부의 양해를 구하게 되었지만, 문제는 이
거금을 어떻게 마련할 것인가였다. 이는 매우 무겁고 벅찬
짐이었다. 선생은 당시를 다음과 같이 회고한다.

교장으로 있던 매티 밀러Mattie H. Miller를 찾아가 의논하고 그의 호의로 부엌과 침실을 절반 얻어 매티 밀러와 같이 만찬을 장만하여 '뉴욕'에 있는 한국 유학생들을 초청하여 정신의 위기를 설명하고 기부금을 모으기로 했다. 그날은 몹시 바빴다. 매티 밀러와 같이 음식을 장만하고 나르고 이리하여 방에 그득히 한국 요리를 차려 놓으니 모였던 손님들은 오래간 만에 먹는 조국의 음식에 대만족이었다. 이 자리에서 장덕수 씨가 미리 짜놓은 원고로 대웅변을 토했다. 그러자 윤홍섭(윤비의 오라버니)이 선뜻 이백 불 하고 불렀다(사실은 이것도 사전에 짜놓은 것이었다). 따라서 나도 이백 불을 적었다. 만좌의 유학생들은 정신여학교를 위하여 성심껏 희사하였으니 백 불 이하는 한 명도 없었다. 생각하면 모두 고마운 분들이다. 그때 모였던 분들은 김도연, 김승식, 고우명, 장리욱, 그리고 지금은 타계한 (1956년 당시) 장덕수, 최순주, 윤홍섭 씨 등인데 그때의 일을 잊을 수가 없다. 그때 미국 유학생이라고 해서 다 영어를 잘하는 것은 아니었는데 나는 한국 여학생을 대표해서 교회에서 강연도 했고 한인교회에서 피아노도 치고 YWCA 관계도 있고 해서 아마 그분들이 호의를 베풀어 준 줄로 생각한다. 이에 호응하여 미국 중부 시카고에서는 김마리아 씨가 기부금을 모집했고 서부에서는 샌프란시스코의 백낙희 씨가, 하와이에선 황혜수 씨가 각각 활동을 했던 것이다. 다 정신의 은인들이 아닐 수 없다. 그 돈은 학교로 직접 보내졌고 학교 경상비의 삼분의 일의 여러 배가 되는 큰

돈이었다. 그해 여름 나는 미주를 떠나 고국에 돌아왔다. 그리하여 미션Mission회가 열리는 평양을 찾아가서 절충을 거듭하였다. 그때에 나는 동창회 대표로 갔었으며 정신은 다시 살게 된 것이다. 그래서 정신은 그 다음다음 해에 지정을 받게 되었고 그해 봄에는 입학률이 십오 대 일이나 되었다.

온갖 고민을 하며 머리를 맞대어 사전에 맞추어 놓은 각본을 실행하며 진행한 이 행사가 참석한 사람들의 마음을 움직여 정신여학교가 기사회생하게 된 것이다. 이 뉴욕의 은인들은 김필례가 1927년 컬럼비아대학교 대학원에서 학위를 받고 귀국한 이후에도 정신여학교를 구하기 위한 활동을 지속적으로 한다. 루이스 교장의 아버지도 판검사를 지낸 독실한 신자였는데, 딸의 선교사업을 격려하고 경제적 지원을 아끼지 않았다. 루이스 교장은 바로 1923년 한국에서 정신여학교 학생들이 교장을 배척하는 거부 운동을 일으켜 곤욕을 치렀던 일도 있었던 만큼 더 고마운 일이었다.

미국 유학에서 돌아온 김필례는 1928년 평양에서 열린 장로교 선교회 총회에 가서 탄원서를 발표하고 정신의 재건을 강조, 선교회 총회는 폐교 결정을 폐기하고 어떠한 일제의 탄압이 있어도 정신학교 교육을 계속하기로 결정했다. 그때부터 학교 경영비를 전과 같이 보내고 일제의 지정학교는 되지 못했을망정 선교회의 지정학교가 되었다. 언더우드

2세 박사는 설립자 대표가 되었다. 정신학교는 그 후 1933년에 가서야 비로소 각종학교各種學校(교명 : 정신여학교)로 총독부의 지정을 받게 된다.

선생의 친정어머니는 1940년에 여든두 살의 나이로 광주에서 소천하셨다.

1919년 치치하얼에서 오빠 필순이 독살당하자, 남편 최영욱 박사는 처가 식구들을 모두 광주로 데려오자고 하였으나 김필례는 시댁 식구들 눈치도 보이고 해서 의지할 곳이 없는 친정어머니와 필순의 큰아들 덕봉만 공부시키겠다고 데려왔다. 필례는 덕봉이 중국에서 의학 공부를 하고 의사가 될 수 있도록 뒤를 봐주었고, 후에는 결혼까지 책임져 주었다. 친정어머니는 필례가 그때 광주 수피아여학교에 나가고 있었던 만큼 광주에서 모시고 살게 되었다. 어머니 안 씨는 젊은 시절부터 화이팅 선교사를 따라 황해도 일대를 걸어다니면서 전도했던 분이고, 화이팅이 남장로교 소속의 오웬 목사와 결혼하여 광주로 내려가게 되자 함께 내려가 전도했던 만큼 광주는 익숙한 곳이었다. 친정어머니 안성은이 돌아가셨을 때는 마침 광주에서 호남지역 사경회가 열려 많은 목사들이 사경회에 참석하고 있던 터라 그들 모두 교인들과 함께 문상을 왔다. 호남지역 최초의 전도부인이라 칭해지기도 했던 그녀는 많은 목사들을 포함한 신도들의 문상을 받으며 기쁘고 화평하게 눈을 감았다.

광주 시절 집안 형편이 어려워져 선생 김필례와 함께 삼 년간 생활했던 질녀 최경애는 "숙모님은 집안일이나 학교일이나 교회일에 모두 골고루 혼신의 힘을 다하셨어요. 맏시숙되는 최흥종 목사님은 제수가 되시는 숙모님께 늘 존경과 격려의 말씀을 하셨지요. 당신께서 알고 계신 우리나라 여성으로서는 가장 위대한 분이라고 격찬하셨지요. 가정을 이끄는 훌륭한 가정인이요 위대한 여성 교육자이며, 참 종교인, 이 모두를 아우른 분은 우리나라 여성으로서 숙모님밖에 없다고 했지요"라고 증언했다.

훗날 선생은 그 시절을 돌아보며 "난 광주 사람들에게 기회가 생길 때마다 교육의 필요성을 일깨워 주고 싶었어요. 그리고 배운 사람이 배우지 못한 사람보다 모든 면에서 낫다는 것을 보여 주고 싶었어요. 다행히 시댁이 소문난 집이라 그게 훨씬 빨리 알려질 수 있었던 것 같아요"라고 말했다.

결혼하며 정착한 1918년부터 정신여학교 교장으로 서울로 가게 되는 1947년까지 광주에서 머문 삼십여 년은, 젊은 시절 아픈 일도 겪었지만 참으로 많은 일을 한 시간이었다.

5

서울 시절

선생님께서 부산 피난 시절 정하신
정신여중고등학교 교훈은
우리가 살아가는 데 지표가 되었습니다.

굳건한 믿음
고결한 인격
희생적 봉사

– 이방원 –
(정신여자고등학교 1984년 졸업,
한국사회복지역사문화연구소장)

해방이 되고 김필례는 광주에서 수피아여학교 교장을 하던 중 1947년 정신여학교의 재건을 위해 교장으로 추대되어 오게 된다. 일찍이 정신여학교 졸업 후 모교 교사로 있다가 일본 유학을 갔을 때도 일본의 여자학원에 남아 가르치는 조건으로 학교에서 영화음악전문학교를 동시에 다니도록 배려했었지만, 정신여학교 루이스 교장의 간청으로 1916년 정신여학교 교사가 되었고, 미국으로 유학 가기 전에도 학생들의 루이스 교장 보이콧으로 학교가 어려워지자 1923년 사태 해결을 위해 이사장이었던 언더우드 2세의 요청으로 교무주임을 맡았다. 김필례는 본인이 원했건 아니건 어려울 때마다 정신여학교의 구원투수 역할을 하게 된 셈이다. 그리고 1950년 대한예수교장로회 여전도회 회장으로 미국에서 열리는 회의에 참석했다가 육이오전쟁이 발발하면서 미국에 일 년 가까이 머물러야만 했을 때 개인적인 아픔을 이타적 정신으로 승화시켜 여전도회의 재건에 헌신하였고 전쟁 전후에도 정신여학교 재건에 힘썼다.

한편 최초의 장로교 여자대학 설립을 위해 1920년대부터 지속적으로 애써 왔으니, 드디어 1961년에 서울여자대학교를 설립하는 데 중추적 역할을 한다. 서울 시절은 평생을 뼈저리게 느껴 온 여성 교육의 중요성을 실천하고 심화시켰던 시기로, 개인보다는 민족이나 국가, 사회, 학교라는 공적인 명분이나 이익이 기준이 되었다. 아는 것은 몸소 행동으로 옮기고, 행동으로 연결되지 않은 앎은 앎이 아니라는 평생의 소신을 펼쳐 보여 준 시기였다.

정신여학교 교장 재직과 여전도회 재건

정신여학교는 설립 과정이나 성장 과정에서 미국 북장로교의 후원이 컸고, 그런 만큼 북장로교 선교사들이 주로 활동하였다. 설립자 애니 엘러스 벙커는 한국에 들어와 사십 년간 봉직하면서 제중원 의사, 명성황후의 시의로 있으면서 여성 교육에 큰 관심을 가지고 1887년 6월 정동여학당(현재 정신여중·고)을 설립하여 장로교 최초의 여학교 설립자가 되었다. 이후 학교장은 일제 말기를 제외하고는 모두 북장로교 선교사가 맡아 왔다. 1910년에 세브란스 Louis H. Severance의 도움으로 붉은 벽돌집인 '세브란스관'을 건축하게 된 것도 게일 목사*의 노력으로 이루어진 것인데, 총 연건평이 약 육백팔십 평에 달하는 당대 서울에서도 보기 드물었던 방대한 건물**이었다. 세브란스는 미국 오하이

---

* 1909년 정신여학교로 인가를 받으면서 게일 목사가 설립자가 된다.

** 미국에서 들여온 새 교재 기구와 각 방마다 철 침대를 놓는 등 전등과 수도 시

오 주 클리블랜드 시의 실업가이자 자선가로서 당시 세브란스병원 건립을 위해 거액을 기부했던 사람이다. 이런 일들이 미국 북장로교 선교부의 적극적 도움으로 이루어졌다.

김필례가 모교에 다시 가게 된 것은 해방이 되고 난 후인 1947년 1월이었다. 제2차 세계대전 중이었던 1941년 일본의 진주만 침공 이후 미국과 일본이 적이 되면서 학교를 경영하던 미국 선교사들은 강제로 출국당하고, 결정적으로 강제 신사참배를 거부함으로써 강제 폐교를 당했다. 신사참배 강요는 신앙의 자유를 박탈하고 신앙 양심을 유린하려는 일제의 종교 박해였다. 『동아일보』(1938. 6. 29)에 정신의 폐교 조치가 발표되었고, 1939년 가을에 미국 선교부의 후원도 완전히 끊어졌다.

학교 운영이 참담한 지경에 이르면서 일제의 강압과 재정난으로 폐교되어 정신여학교는 재단법인 풍문학원으로 넘어갔는데* 해방이 되고 정신여학교를 복교시켜야 하니 교장을 맡아 달라는 연락이 왔다. 1945년 3월 학생들은 풍문여학교로, 건물은 성남중학교로 넘겨졌는데 해방이 되고

설의 완비로 가사실습하기에 적합하였고 가스 장치, 수세식 변소 등 우리나라 학교 시설로 당시 최고의 현대 시설이라 할 수 있었다.

* 당시 경기도 학무과장이었던 일본인 관리가 풍문재단의 민 씨와 일본 한 대학의 동창이어서 쉽게 이루어진 일이다. 민 씨 집안에서 세운 학교로 휘문과 풍문이 있는데 1945년 3월에 풍문여학교가 개교할 때 폐교되는 정신여학교가 넘어간 것으로 보인다. 학교명을 민영휘의 이름에서 휘문으로, 부인의 이름 안유풍에서 한 글자를 따서 풍문으로 붙였다고 한다.

성남중학교가 차지하던 정신여학교의 교사를 돌려주자, 선교부에서는 건물을 세브란스 의대 예과에서 쓰게 했다. 그런 만큼 정신여학교 복교가 시급하게 되어 '정신복교추진위원회'가 만들어지고 선생을 교장으로 추대하게 된 것이다.

서울에 올라와 정신으로 돌아온 선생은 우선 문교 당국으로부터 복교 허가를 받아냈다. 유길준의 아들 유억겸이 담당 자리에 있었고, 후에 대광고등학교 교장을 지낸 이창로도 이때 유억겸 아래서 중등행정 책임을 맡고 있어서 복교 허가가 빨리 나올 수 있었다. 1947년 7월 12일 정부의 재인가를 받아 김필례는 12대 교장이 된다.

복교 허가가 나오자 선교부에서는 건물을 정신여학교로 돌려주었다. 돌려받은 정신여학교는 이를 데 없이 황폐해서 보수가 절실하게 필요했다. 동창들은 힘을 모으고 기도하며 지갑을 털어 담장을 쌓았고, 선교부 사람들에게 강당 앞의 땅을 비롯한 학교를 위한 땅을 얻어내서* 학교 모양을 갖추어 나갔다. 1947년 1학기에 있는 것이라고는 학교 건물과 피아노 세 대, 풍금 두 대, 운전 등사판 하나뿐이었다. 교장 김필례는 완전히 무無에서 출발한 학교에서 일단 백삼

---

* 한 예로, 선교사 대지로 되어 있던 땅 백여 평은 학교 입장에선 꼭 필요한 땅이었는데 세브란스에 근무하던 플레처(Archibald G. Fletcher)가 도통 돌려주지 않아 애를 먹다가 겐소 부인의 남편이 항의하자 내주었다. 그 후 학교 발전을 보며 선교부의 땅이었던 체육관 자리 땅 이백 평도 닥터 플레처의 적극 주선과 도움으로 돌려받을 수 있었다.

십사 명의 학생을 모으고 교사도 초빙했다. 개학을 준비할 때 낮에는 딸 춘희가 고무신을 끌고 원서를 접수했고, 밤에는 두 시까지 백창순·최춘근 두 선생이 시험지를 등사했다. 11월에 교무주임 박희경, 김상권 등의 교사가 왔고, 서무주임 이귀남은 광주 수피아에서의 인연으로 서울에 와서 1949년 4월부터 근무했다. 1947년 5월 20일 비로소 조회다운 첫 조회를 열었다. 1947년 7월 12일 미군정 당국으로부터 재인가가 승인되었는데, 문제는 재정 형편이 말이 아니었다는 것이다.

이때 언니 김순애와 형부 김규식 박사 내외가 학교 운영의 첫해 경비를 부담하겠다고 자원해서 큰 도움이 되었다. 매달 미안함과 고마운 마음으로 언니네가 살고 있는 삼청동*으로 경비를 받으러 가는 길은 필례 교장에게 사실 괴로운 길이기도 했다. 일 년 동안 근근이, 겨우겨우 정신학교의 살림살이를 꾸려 나가다 보니 1948년에는 학생들도 사백오십 명으로 늘면서, 이때부터는 학교 살림살이가 조금 넉넉해져 김규식 박사의 신세를 지지 않아도 될 정도가 되었다.

---

* 삼청장을 말한다. 원래 민규식(민두호의 손자, 민영휘의 아들)의 소유였으나 해방이 되고 조국에 온 김규식에게 기부했다. 이승만 초대 대통령의 이화장, 김구 선생의 경교장, 김규식 임시정부 부주석의 삼청장은 대한민국 정부 수립 이전에 정치, 건국 활동의 중심을 이룬 삼대 요람으로 일컬어진다. 덧붙여 당시 하지 중장이 미소공동위원회 한국 측 대표인 김규식에게 삼청동 공관으로 쓸 수 있게 배려했다고 하는 가족의 말도 있다. 김규식은 육이오전쟁 발발 후 납북되어 그해 북녘 땅에서 순국했다.

다시 일 년이 더 지나면서 학생들이 불어나고 여유가 생기자, 교장인 선생은 직원들에게 보너스도 주게 되고 그때부터 학교들 사이에서 정신여학교의 대우가 좋다고 알려지기 시작했다. 당시로서는 매우 드문, 내 집 마련에도 신경써서 교직원들이 일을 열심히 할 수 있도록 집이 없는 교직원들에게 선불로 사택을 마련해 주고 다달이 월급에서 공제해 나가는 제도를 시행하기도 했다. 이렇게 되기까지 선생의 공적이 매우 컸다고 당시 사람들은 입을 모은다.

학교가 안정되고 여유를 갖게 되자 김마리아 추도식을 열면서 기념관을 짓자는 말이 나왔다. 김마리아가 선생의 질녀라는 개인적 인연이 없었다면 아마도 선생이 직접 나서서 먼저 추진했을 것이다. 그러나 학교 살림도 어려운데 자신의 질녀 추도식부터 하려 한다는 소리를 들을까 봐 입 밖으로 꺼내지도 못했다. 공적인 일을 앞세우고 싶어도 선생이 추진하면 누군가가 개인의 문제로 볼 수 있는 사안인 만큼 한 발 앞서지를 못한 것이었다. 그런데 졸업생들이 모두 바라고 있다고 추진하고 나서니 선생으로서는 무척 고마웠다. 추도식을 준비하면서 마리아와 미국에서 루이스 교장의 집에 가 있었을 때를 생각하며 선생은 김마리아관을 세우자는 소망을 갖게 된다. 조카 김마리아가 아니라 열정적으로 투신하여 독립운동을 하다 일찍 간 김마리아의 정신

정신여자중학교 후원회 창립 기념. 앞줄 왼쪽에서 여섯 번째가 김필례. 1947.7.2.

을 후세에 기리고 싶었기 때문이다. 그러나 우선 짓기 시작한 대강당 건물의 이름을 신마리아관으로 붙인다. 개인적인 바람보다는 학교에 끼친 공헌을 중시하는, 공적인 기준을 우선했던 것이다.

대강당을 짓는 과정을 보면 1949년 본관 동쪽 개나리동산에 짓기로 하고 터도 닦고 여러 사람의 도움으로 시작한다. 천미례 선생과 초창기 교장을 맡았던 겐소 부인이 각각 이백 달러 기부했고, 인촌 김성수의 부인인 이아주가 상당한 돈을 기부해 주었다. 선생의 헌신에 감복한 애덤스Adams 선교사는 정신여학교 오 개년 간의 복구비로 책정되어 있던 이백만 환을 일시불로 보내 주었다. 그러나 워낙 큰 공사여서 자금이 많이 모자랐다. 학교 건물을 담보로 하여 돈을 빌리기도 쉽지 않았다. 당시 한국은행 총재 최순주는 컬럼비아대학교 동창이면서 선생의 조카 덕봉과 나이가 같아서 평소 선생을 고모라 부르며 잘 따랐던 사이였다. 교장 김필례가 도움을 요청하니 최순주는 그런 일은 재무부 장관의 소관이므로 그의 도장만 받아 오면 돈을 내주겠다고 했다. 재무부 장관 김도연 역시 컬럼비아대학교 동창이고 필례의 고생을 아는지라 가여워하는 표정으로 도장을 찍어 주었다. 김필례는 자신이 컬럼비아대학교를 다닌 것도 다 후일을 위해 하나님이 예비하셨다는 생각을 하며 고마워했다. 이를 보며 학연이 작용한 때문에 요청하기가 쉬웠고, 그래서 이러한 결과를 낼 수 있었다고 감히 말할 수는 없을 것이다.

어떤 경우라도 단지 한 가지 이유만으로 일이 순조롭게 처리되는 것은 아니다. 보다 중요한 사실은 그 일에 공들인 노력과 진심이 통할 때 여러 요인이 상승 작용을 하여 이루어지는 경우가 훨씬 더 많다는 것이다. 기독교인들이 말하는 기도의 힘이라고 할 수도 있겠는데, 선생의 일처리에서 그간에 이어진 인연의 끈들이 작동한 것도 이 같은 삶의 이치와 만나는 부분이라고 생각한다. 최영욱 박사를 통해 전라남도의 동방방직에서도 기부해 왔고, 많은 사람들의 도움과 각고의 노력으로 대강당이 마침내 준공되었다. 지하 1층 지상 3층의 총건평이 삼백육십 평 넘는 커다란 건물이었다. 특히 천장을 잘 설계하여 강당이 울리지 않게 했고, 교직원들과 학생들을 위한 기도실을 따로 만들었으며, 연극할 때를 위한 준비실도 만들었다. 대강당 건축 총공사비는 약 사백이십오만 환으로, 당시로서는 규모가 매우 큰 공사였다. 그리고 대강당 이름은 신마리아 선생의 은덕을 기려 '신마리아관'이라 이름 붙였다.

연지동에 지어진 이 대강당은 지은 지 얼마 되지 않았을 때 육이오전쟁이 발발해서 인민군의 본부로 사용되기도 하는 등 험하게 쓰여 후에 재수리를 해야 했다. 이 건물명은 현 잠실 교사에서는 중학교 건물명으로 쓰이고 있다. 실제로 김마리아회관이 지어진 것은 그로부터 오십여 년 후다.

김필례 선생이 돌아가신 지 십사 년이 지난 1997년 정신 백십 주년 기념식 때 기공식을 해서 1998년에 완공되었다. 필례관은 김마리아관 뒤에 수련관의 이름을 김필례 수련관으로 명명했다가 2013년 정식으로 김필례 기념관이 정문 옆에 건축되었다. 연지동에 필례관(신관)이 있었으나 학교가 잠실로 옮기면서 없어졌다.

학교가 웬만큼 궤도에 오르자 교장 김필례는 1950년 6월 2일 대강당 신마리아관에서 첫 예배를 드리고 그날 미국으로 갔다. '세계여전도회 회장 대회'가 미국 뉴저지 주 오션 클럽에서 열리기 때문이었다. 선생은 거기서 간부들 모임 시간에 삼십 분만 할애해 달라고 요청하여 정신여학교 '과학관' 건립을 위한 지원을 호소했다. 선생이 컬럼비아대학교에서 공부할 때 그 대학 분위기가 실험 위주로 움직이고 있는 것을 보며 과학 실험 등을 위해 실험실을 온전히 갖추는 게 중요한 해결 과제임을 깨달았던 것이다. 선생이 미리 준비해 간 설계도를 보여 주며 차근차근 설명하자, 대회의 총무를 맡고 있던 마거릿 섀넌Margaret Shannon은 선생이 그 일을 성실하게 추진할 것을 믿어 십만 달러의 거금을 즉시 도와주겠노라고 약속했다. 그러나 육이오전쟁이 터지면서 전쟁 중인 나라에는 건설비를 주지 않는다는 선교본부의 내규에 따라 받지 못하게 된다.

미국에서 회의에 참석한 후 각국 대표들은 미국 장로교

미국으로 출국하며 찍은 가족사진. 왼쪽부터 최춘근(아들), 김필례,
최영욱, 최협(최영욱의 형 최흥종 목사의 손자), 최춘희(딸). 남편 최영욱
박사는 육이오전쟁 때 사망하여 마지막 가족사진이 되었다. 1950년.

교회들을 돌아보며 강연을 하고 선생도 7월에 돌아오는 일정이었다. 그런데 육이오전쟁이 발발한 것이다. 한국에서 전쟁이 일어났으니 우선 아이들부터 걱정이 될 수밖에 없었다. 공산당이 한국을 침공했다는 제호가 붙은 신문을 보며 정신이 아찔해졌다. 수많은 생각이 떠올랐고 그날 하기로 한 강연에서 무슨 말을 했는지도 몰랐다. 당장 한국으로 돌아가야겠다는 생각뿐이었다. 그러나 선교부 사람들이 반대했다. 당장 한국으로 돌아간다고 가족들을 만날 수 있는 것도 아니고, 전란 중이라 위험할 뿐 아니라, 굳이 돌아간다 해도 할 일도 없을 것이라며 크게 반대했다. 무엇보다도 "당신 같은 사람 한국에서 길러 내기가 얼마나 힘든 일인 줄 아느냐? 전쟁이 끝날 때까지 여기 있으면서 당신은 한국에 파병되는 군인들의 어머니들을 만나야 한다. 그들에게 위로와 감사의 말씀을 드려야 한다"면서 설득했다.

사실 한국은 외국에서 부인조력회 조직이 만들어진 첫 번째 나라이고, 광주는 부인조력회가 서클 계획과 함께 처음 시작된 곳이며, 김필례는 광주에서 파견된 미국 최초의 유학생인 만큼 김필례 같은 사람을 한국에서 길러 내기가 대단히 힘든 일이라는 말은 사실이었다. 김필례는 할 수 없이 미국에 더 머무르면서 미국 전역 어디든 강연 다니기 편리한 시카고에 숙소를 정했다.

그러던 중 미국·캐나다 두 나라 기독교파들이 초교파적

인 모임을 갖기로 하고 신시내티에서 대표만도 삼천 명이 넘는 대규모 신교도 대회를 여는데, 거기에 초청받아 강연하기로 했을 때였다. 김필례는 수피아여학교 교장을 지낸 유화례 선교사에게서 편지를 받았다. 편지는 부군 최영욱 박사가 1950년 8월 30일 광주에서 공산군에게 총살당했다는 끔찍하고 하늘이 무너지는 소식을 전하고 있었다. 남편의 참사를 듣고 김필례는 식음을 전폐한 채 밤을 꼬박 새우며 고국으로 달려가지도 못하는 처지가 더욱 서러워 울기만 할 뿐이었다.

필례 선생은 다시 한국으로 돌아가야 한다는 생각과 함께 전시 상황에서도 할 일은 괴로워도 해야 한다는 생각이 동시에 들면서 비장한 결의를 하게 된다. '우리나라에서 죽은 미군의 아내나 부모들은 남의 나라를 위해서 죽었다는 사실도 잊고 나를 보고자 하는데 내 나라에서 남편이 죽었다고 그들의 약속을 저버려도 되는지' 많은 생각을 하며 울고 있을 때 겐소 부인이 사정을 알고 함께 기도해 준다. 그 과정에서 '한국전쟁에서 자식을 잃고 남편을 잃고 방황하며 슬픔에 잠겨 있는 많은 불쌍한 영혼들'을 생각하게 된 것이다.

김필례는 매번 결정적일 때 개인보다는 공적인 일을 우선 택해 왔다. 일본 유학생 시절에도 매우 이성적으로 절제와 자긍심으로 나라와 민족을 먼저 생각했고, 1947년 정신여학교 대강당 신축 후 건물 이름을 신마리아 기념관으로

부산에서 피난민 구호품 인수 작업을 하는 현장. 오른쪽에서 세 번째가 김필례. 1951년.

붙일 때도, 육이오전쟁이 발발했을 때도, 지금 남편의 총살 소식을 들었을 때도 일관되게 선공후사의 판단을 내렸고 행동에 임했다. 결국 신교도 대회 강연을 하기로 하고 '그래야 너도 살고 민족도 산다'고 비장하게 마음을 먹는다.

그때 선생은 대회에서 이미 '믿음이 탁월하고 인격이 고매한 여성 지도자'라고 분에 넘친 찬사를 들었으니 "내가 여기서 쓰러져서는 안 된다. 나는 나 혼자가 아니라 한국 여성, 아니 한국인의 한 사람으로 여기 선 것이다. 한국 사람의 이미지를 그들 앞에 흐려 놓아서는 안 된다"고 생각했다. 더구나 청중 가운데는 그들의 귀한 남편이나 자식을 한국전쟁에 바친 사람도 많을 터인데 남편이 참사를 당했다고 해서 그들 앞에서 쓰러진다면 그들은 얼마나 실망할 것이냐? 오히려 그들에게 위로와 용기를 주어야 할 책임이 내게 있지 않느냐? 이런 생각들이 꼬리를 물고 일어나며 스스로를 채찍질했다.

선생이 강연을 계속하기로 하면서 그 강연은 더욱더 진솔하게 사람들 마음을 움직이고 위로하게 된다. 감동한 이들이 우리나라를 위해 할 수 있는 일을 물어 오자 언젠가 들은, 바로 우리나라에 보낼 구호품을 가득 실은 수십 척의 배가 뉴욕 항에서 정박한 채 국회의 승인이 나기만을 기다리고 있다는 말이 생각나서 그에 대한 부탁을 했다. 이 부탁은 즉시 받아들여져서 김필례가 1951년 7월 15일 전쟁 중인 고국에 오기 전에 배들이 이미 부산에 도착해서 김필례를 기다리고 있었다. 김필례의 사인이 있어야 인수할 수 있었기 때문이다. 또 귀국할 때 미국 장로교 여전도회에서 한국 여전도회 재건을 위해 총무 월급 십 년분을 주기로 약속하고, 우선 일 년치를 건네주기도 했다. 1950년 6월 2일 한국을 떠나 개인적 슬픔과 불행을 딛고 일 년 정도 머물면서 열아홉 개 주를 순회 강연한 끝에 김필례가 이룬 물심양면의 도움이었다.

선생의 아이들은 다행히 대구 미군부대에 무사히 있었다. 선생은 미국에서 돌아온 지 두 달 만인 1951년 9월 부산 보수산 꼭대기에서 학교 문을 다시 열었다. 서울에 있는 정신여학교는 동란 직후 임시 휴교를 했으나 며칠 후 서울을 점령한 공산군은 학교 뒷동산에 있던 선교사 사택을 정치보위부로 사용하면서 선교사 사택과 학교 건물 사이에 구덩이를 깊게 파고 양민을 학살하는 등 험한 일을 마구 저질렀다. 다른 학교들이 부산으로 내려가 문을 열었던 터라 정신도 부산에서 '숭의' '보성' 학교와 함께 보수산 꼭대기 좁은 장소에서 소나무에다 칠판을 비스듬히 기대어 놓고 수업을 해나가는 식이었는데, 학생 수는 세 학교 합쳐 고작 일흔네 명이었다. 그러나 소문을 듣고 학생들이 모여들기 시작했고, 서울서 학생들을 가르쳤던 박희경·이귀남·이태근 등여러 교사들도 피난 학교로 왔다. 겨울이 되자 보수산 노천

정신여자중학교 제40회 졸업 기념. 보성여자중학교 제20회 동시 졸업.
부산 신광교회 피난 학교. 앞줄 가운데가 김필례. 1953.3.9.

에서 수업을 할 수가 없어 용두산 기슭 함경도에서 피난 온 사람들이 지은 '관북교회'를 빌려 쓰면서 용두산 기슭 피난 학교가 시작되었다.

이때는 비록 전시 중이긴 해도 교육법 개정령이 공포되어 중·고등학교가 분리되며 고등학교 과정이 새로 설치되던 무렵이었다. 정신여자중·고등학교도 1952년 3월 25일 교육법 개정령 공포 이후 첫 졸업식을 용두산 관북교회에서 하게 되었는데 고등학교 1회 졸업생은 스물여덟 명, 2회 졸업생은 열두 명이었다.

서울이 수복되어 피난 왔던 학생들이 서울로 돌아가면서 학생 수가 줄어들었다. 서울에서는 서대문에 있던 피어슨성경학교 자리에 대광·경신·정신 세 학교가 함께 문을 열어 수업을 시작했는데, 정신여학교는 곧이어 연동교회 지하실을 빌려 따로 수업을 받게 되었다.

정신은 서울과 부산 두 군데에 학교를 연 셈으로 서울서 근무한 교사는 교무주임 이상학, 서무주임 이귀남, 그리고 이봉순 등이었고, 김필례 선생은 서울과 부산을 오가며 학교를 운영했다. 연동교회는 정신여학교와 이웃해 있었는데, 선생이 연동교회 여전도회 회장을 십 년 넘게 맡아 온 각별한 인연이 있었다. 1974년 연동교회 창립 팔십 주년에는 신의경과 함께 교회 발전에 기여한 사유로 공로상을, 1978년 5월 14일에는 제1회 송암松岩, 함태영 부통령의 호 봉사상을 받았다.

전쟁이 끝난 1953년 말 정신여학교에 주둔하고 있던 미 제5공군 소속 고급 장교 한 사람이 정신학교가 쓰고 있던 연동교회 지하실로 찾아와 자신이 광주에서 함께 일했던 녹스 부인Marie B. Knox의 조카라고 소개하며 "우리 고모님이 선생님을 찾아뵙고 부탁이 있으시면 도와드리라 하셨다"고 하여, 쉽지 않은 일이었음에도 불구하고 다음해 1954년 2월 17일 미 제 5공군이 주둔하고 있던 정신여학교를 돌려주었다. 그리하여 부산 용두산 피난 학교와 다시 합쳐 본격적인 새 출발을 할 수 있게 되었다.

선생이 걸어오고 헤쳐 온 삶을 보면 특히 선교사들과의 인연, 미국에서의 인연 등이 음으로 양으로 많은 도움을 주었음을 알 수 있다. 서로 도움을 주고받았겠지만 당시 우리나라의 형편으로 볼 때 미국과 선교사와의 관계에서는 주로 도움을 받는 편이었다. 그러나 그런 가운데서도 "도움을 받을 것만은 받고, 그것을 꼭 필요한 사람들이 골고루 혜택을 입을 수 있게 했으며, 또 도움을 받은 사람들에게는 도움을 준 사람들에게 감사의 말을 전하도록 반드시 교육시켰다는 점은 확실히 선생다운 면"이라 할 것이다. 그리고 그 기준이 개인보다는 민족이나 국가, 사회, 학교라는 공적인 명분이나 이익이었다.

이처럼 상황 변화에 따라 대상이 바뀌었을 뿐, 김필례 선생은 모든 판단의 기준을 개인보다는 공적인 것에 두었다.

일제강점기에는 민족과 국가가, YWCA 창립이나 광주에서의 야학 운영 시에는 사회가, 교육을 위해서는 학교가 최우선이었다. 그런 만큼 정신여학교 재건 과정에서도 비가 새는 사택 수리보다 학교 담장 쌓는 것이 우선이었으니 돈, 특히 공금에 대해서는 더 엄격했으며 늘 검소했다.

전쟁이 끝나 갈 무렵 YWCA 규칙을 함께 만들기도 했던 맥클래런 부인의 조카가 호주 참전군으로 왔다가 선생을 찾아왔다. 그는 배화여고 근처에 있던 맥클래런 부인의 집을 처분하여 부인에게 전하겠다고 했다. 선생이 호주에 편지를 보내 확인하니, 그 집은 한국을 위해 지은 집이니 한국의 불쌍한 사람들을 위해 써달라는 답장이 왔다.

선생은 그 집을 팔아 맥클래런의 부탁대로 그녀의 양딸 성삼석을 찾아 집을 판 돈 가운데 얼마를 주어 그녀가 하는 고아원 운영을 도왔고, 남은 돈은 이일선 목사가 하는 일에 도움이 되도록 보탰다. 이일선 목사는 정신여학교 교목으로도 일했던 의사였는데, 나중에 아프리카로 가서 슈바이처Albert Schweitzer를 만나고 그 밑에서 의술과 인술을 배워 울릉도에 들어가 병원을 차려 '한국의 슈바이처'로 불리기도 했다. 울릉도에 병원을 차릴 때 맥클래런의 집을 처분한 돈 가운데 일부를 보태었다.

정신여학교의 교훈과 교가는 부산 피난 시절 제정되었는데, 피난 학교를 개교하면서 학제 개편과 재단법인 구성에 따라 문교부에 제출할 서류 가운데 갖추어야 할 내용이었기 때문이다. 선생은 박희경, 이귀남, 국어 교사 이상보 등과 함께 교훈을 정했다.

'굳건한 믿음, 고결한 인격, 희생적 봉사'

학교명 정신은 '정절과 신앙'을 강조하여 붙인 것인데, 이 교훈은 학교의 정체성과 함께 살아가는 자세를 보여 주어 모두들 좋아했고 졸업생들에게도 마음에 평생의 '교훈'으로 남아 있다. 학교를 다니면서 선생과 각별한 사이도 아니었고 특별한 만남의 기회도 없었던 제자들도, 심지어 학교를 그만두신 후거나 돌아가신 후에 접하면서 선생을 겨우 알게 된 많은 정신 동창들도 이 교훈을 가슴에 담고 있다. 배움이란 것이 "스승과의 친밀도로 결정되는 것이 아니라 그의 가르침을 얼마나 삶 속에서 실천하는가로 판가름나는 것"이라면 정신의 이 교훈은 대단한 힘으로 선생의 가르침을 전해 주며 졸업생들의 가슴에 살아 있는 것이다.

교가* 역시 이 시기에 작문 선생으로 나오던 청록파 시인 박목월에게 가사를 지어 달라고 부탁했고, 곡은 서울대 음대를 나와 당시 음악 선생으로 있던 선생의 아들 춘근이 작곡가 김성태를 직접 찾아가 부탁해서 붙였다.

재단 설립 인가 신청 문제는 부산 피난 시절부터 문교부에서 하라던 것이었는데 선생이 당시 백낙준 문교부 장관을 찾아가 당분간 유보해 달라고 청했던 터라, 휴전이 되고 서울로 돌아오면서 시급한 문제가 되었다. 재단 설립을 위해서는 상당한 재산이 있어야 했는데, 정신여학교의 재산은 지금은 사라진 소공동의 정신빌딩 말고는 특별한 게 없었던 것이다. 마침 경신학교 교장으로 있던 형부 서병호의 조언을 듣고 박하성이라는 독지가를 만나 광산과 토지 등을 희사받으면서 정신재단을 설립할 수 있었다. 재단 설립 당시의 이사들은 이사장 함태영, 이사에 선생을 비롯해 진필순, 유호준, 유각경, 김함라 등 열한 명이었다.

휴전이 되자 미국 북장로 선교본부에 다시 연락을 하여 전쟁으로 인해 취소됐던 과학관 건립 지원비 십만 달러를 다시 보내 줄 것을 간곡히 부탁했다. 선교본부에서 팔만 달러만 보내겠다고 해서 정신여학교에서 이만 달러와 사친회에서 보태 준 돈으로 과학관을 짓게 되었다. 주한 미8군에

---

* 1905년경 밀러 교장이 작사·작곡한 교가가 있었고, 1920년 음악 교사 김형준이 옮긴 악보로 오래 불리다가, 해방 후 박목월 작사, 김성태 작곡의 현재 교가가 만들어졌다.

본교를 찾은 세계여전도회원 일행. 미국 선교부 여전도회원들의 성금 팔만 달러가 과학관 건축 기금이 되었다. 오른쪽 첫번째가 김필례. 1956.10.30.

서도 일만 삼천 달러어치의 자재를 지원해 주었다. 과학관 건립에 들어간 돈을 당시 우리 돈으로 환산하면 약 일억삼천만 환이 된다. 과학관 건물은 건축가 김정수의 설계로 지어져 1958년 12월에 완공됐다. 옥상에는 넓은 광장이 있고 5층은 미술실과 음악실, 4층은 수예실과 재봉실, 3층은 물리실, 화학실, 가사실, 타이프실, 2층은 교실, 1층은 도서실과 암실로 구성된 총 건평이 팔백칠 평이 넘는 최신식 건물로, 1960년 서울시 문화상 건축 부문 수상을 했다. 과학관의 이름은 9대 교장 루이스의 공적을 기려 '루이스관'이라 이름 붙였다.*

필례관은 후에 선교사들의 사택으로 쓰이던 곳을 양도받아 연세대 송종석 교수의 설계로 총 구백십일 평의 4층 건물로 1962년 10월 세워졌다. 필례관 역시 과학관에 이어 주한미군에서 구천 달러에 해당하는 건축 자재를 대주었다. 신관으로 불리기도 한 이 건물은 당시로서는 획기적으로 보를 없앤 건물이었다. 1978년 잠실로 이전하면서 연지동에는 본관과 신관 로고가 붙은 건물만 정신여학교의 흔적**으로 남아 있다.

---

* 많은 사람들이 필례관이라 붙이자고 했으나 선생이 완강히 반대했다고 한다.
** 연지동에 남아 있는 정신여자중·고등학교 건물은 본관인 세브란스관과 과학관이었던 루이스관이다. 그런데 루이스관 입구에 신관이라는 건물 이름이 붙어 있어 과학관으로 알고 있는 사람들은 헷갈릴 수 있다. 신관은 1963년 4층으로 준공된 필례관인데 교사가 잠실로 이전된 후 헐려서 없어졌다.

정신여학교 과학관(루이스관) 시공식에서 첫 삽 뜨기를 하고 있는
김필례. 1958년.

이러한 여러 일들을 통해 교장으로서 김필례는 북장로교 선교사들과 밀접하게 교류했고 그만큼 친밀감도 느꼈을 것 같다. 남장로교 후원으로 미국 유학을 갔던 때는 젊은 시절이었고 그때는 개인적으로, 가정적으로 아픈 기억들도 있었다. 무엇보다도 이기서 교수와 대담할 당시에는 정신여학교 교장과 이사장을 오랫동안 역임하고 있어 정신여학교 위주로 생각하는 데 익숙해져 있을 때였다. 젊은 시절, 즉 1918년 결혼 후부터 1947년 정신여중고 교장으로 오기까지 보낸 광주에서의 삼십여 년과 1977년 선생의 생애를 기록하기 위해 이기서 교수에게 구술하시던 당시까지 정신여학교에서 보낸 삼십여 년. 각각 두 곳에서 삼십 년이라는 시간을 보낸 여든여섯 나이의 선생에게 비중이 더 큰 시기는 언제였을까?

1977년 6월 무덥던 여름날 고려대학교에 재직 중이던 내게 한 통의 전화가 걸려왔다. 바쁜 일이 없으면 학교 후문 근처 김필례 선생님 댁에 들러 달라는 전언이었다. 급히 가본 선생님 자택에는 당시 정신여자고등학교 교장 이연옥 선생님과 몇몇 동문들이 모여 있었다. 그들은 김필례 선생님의 생애를 기록으로 남겨두어야겠다는 데에 뜻을 모으고 선생님과도 이미 상의를 마친 채 내가 도착하기를 기다리고 있었다. 내게 필자가 되어 줄 것을 부탁하시는 선생님 말씀에는 거역할 수 없는 진실함과 진지함, 그리고 엄숙함이 있었다.

더구나 선생의 일대기를 기록으로 남기고자 하는 정신여·중고 교장과 동문의 의지가 강하게 반영된 만큼, 당시의 구술에서 정신여학교 중심으로 선생의 사고의 흐름이 흘러가게 되는 것은 당연하고 자연스러운 일인 것 같다. 그런 상황에서 정신여학교가 강조, 부각되고 그쪽으로 치중될 수밖에 없었을 터이고, 남장로교나 광주 시절에 대한 언급이나 역할이 상대적으로 가볍게 취급되는 인상을 주었을 수도 있다. 말하자면 이기서 구술 전기를 쓰게 되었던 당시의 상황을 고려해 보면 정신여학교의 비중이 클 수밖에 없었을 것이다.

광주 지역을 중심으로 볼 때는 남장로교의 역할이나 비중이 강조되고, 정신여학교 설립과 운영 중심으로 볼 때는 북장로교의 역할이나 비중이 강조되는 상황. 생각의 중심, 초점이 다른 만큼 중요하게 여기는 비중의 정도가 달라질 수밖에 없다. 그렇다 하더라도 유학 시절, 초창기 정신여학교 시절 젊은 김필례가 받은 남장로교 선교사들의 도움은 아무리 강조해도 지나치지 않을 것이다.

서울여자대학교 설립

　　『서울여대 50년사』에는 서울여대 설립 과정에 김필례 선생이 산파 역할을 하며 공들인 노력과 헌신에 대한 이야기가 나온다. 김필례 선생은 1920년대부터 한국에도 장로교 여자대학교 설립이 필요하다는 것을 지속적으로 강조해 왔다. 그랬던 만큼 1927년 9월 9일 여전도회 전국연합회 전신인 '조선예수교장로회 부인전도회'를 창립하고 장로교 여자대학 설립을 요청했다. 그러나 일제의 탄압으로 중단되었다.

　해방 후, 1940년대 후반 이화여전이 사 년제 이화여대로 승격하면서 여성들의 전문 교육을 떠맡고 있는데 주로 학문 탐구와 보편적 지성인을 위한 커리큘럼에 주력하는 만큼, 기독교인의 생활과 신앙 및 기독교 여성 지도자를 길러야 하는 장로교 계통 여자대학의 설립을 주장하는 의견들이 많았다.

　선생은 당시 우리나라 장로교 교계 지도자였던 한경직·유호준·안광국 목사 등의 지원에 힘입어 새로운 여자대학의

서울여대 대강당 건축 기공식. 앞줄 오른쪽에서 두 번째가 김필례. 1975년.

설립을 위해 힘썼다. 1948년 미국 북장로교 본부 여전도회에서 온 대표 마거릿 플로리Margaret Flory 선교사를 만나 "장로교 여성 지도자를 위한 새로운 교육기관을 세워 교회 속에서 지도자가 될 수 있는 훈련과 교육을 본격적으로 시켜야 할 필요"가 있음을 설명하고 설득한 것이다. 이에 공감한 플로리 선교사는 여자대학 설립 계획서를 작성해 달라고 한다.

그 후 미국장로교연합선교본부에서는 새로운 대학 설립의 타당성을 구체적으로 살펴보기 위해 대표들을 보냈고, 1957년 드디어 장로교 여자대학 설립 건이 장로교 총회에서 통과되어 미국 선교본부에서는 칠만 달러의 기금을 내놓기로 했다. 선생은 우리나라에 나와 있던 애덤스 목사와 함께 학교를 세울 터전을 찾아 나섰는데 보성학교 뒤쪽, 경희대와 외국어대 사이에 있는 터, 장위동 부근 배재학원이 물색해 두었던 곳, 김포공항 가는 길 근처 등 여러 군데를 가 보았으나 이런저런 이유로 적합하지 않은 판에 마지막으로 현재 서울여자대학이 있는 태릉에 가보니 경치가 빼어나고 학생들이 공부하기에 적합했다. 더욱이 그곳에 있던 신학교가 약 삼만 삼천 평의 땅을 내놓고 다른 곳으로 이전할 계획이 있다고 하여 그 부지를 사들였고, 신학교(현 장로교신학대학)가 광나루로 이전해 가면서 약 삼만 칠천이백 평의 땅을 더 내놓아 약 칠만 평의 땅을 확보하면서 장로교 여자대학 설립을 위한 첫 삽을 뜨게 되었다.

한국 장로교회 지도자인 한경직·유호준·안광국 등과 함께 장로회 선교부 오 개년 계획 수립안에 장로교 여자대학 설립을 제기, 대학 기성회를 조직했는데, 건물을 세우기 위해서는 많은 돈이 필요했다. 미국에서는 북장로교 신도들의 기금 모금이 있었고, 학교 건축 비용 천만 원 모금 운동에 박차를 가하기 위해 이사회를 구성하고 배의취 목사의 주도 하에 정관을 작성하기도 했다. 1957년 9월에는 회장으로 있는 여전도회전국연합회 교단 총회에 서울여자대학 설립을 청원하고 1959년에는 여자대학 건축위원(위원장 유호준, 서기 안광국, 위원 배의취, 김필례, 한경직, 신의경)이 출범한다. 특히 재일동포들이 많은 기부금을 내주었는데, 이는 1962년 3월 방콕에서 열린 유네스코UNESCO 주최 동남아 농촌 여성지도자협의회에 파견된 고황경, 여전도회의 이필숙 총무가 돌아오는 길에 일본에 들러 두 달에 걸쳐 홋카이도北海道에서 규슈九州까지 일본 전역을 순회하며 재일동포들을 대상으로 모금 운동을 벌인 결과였다. 『서울여자대학교 50년사』에 나온 기록은 다음과 같다.

> (김필례는) 평생 자신이 다니던 아그네스 스콧 여자대학과 같이 아담하고 아름다운 대학을 조국에 세우기가 소원이었으니, 광복이 되자 지금의 서울여자대학을 세우는 데 산파 역할을 하였다. 그리하여 1962년 6백 75만

6백 21원을 모금하여 서울여자대학에 기증하였다(당시 1962년 6월 10일 제2차 화폐개혁으로 10대 1로 평가 절하하고 환을 원으로 사용하기 시작). 그리고 독지가들의 개인적인 참여를 지속적으로 유도한 결과 그들 각자가 내부 시설과 생활관 건물에 방 한 칸씩을 할 수 있는 기금을 적립하도록 하였으며 모두가 서울여대는 '우리 학교'라는 생각으로 모금 운동에 동참하도록 이끌었다. 따라서 서울여자대학교의 설립 배경과 건학 이념에는 여전도회의 김필례 선생의 철학과 건학 정신이 깊게 배태되어 있다고 하겠다.

우리나라에 장로교가 들어온 지 실로 칠십오 년 만에 세워진 장로교 여자대학, 서울여자대학 설립이었다. 여기서 강조해야 할 부분은 김필례의 평생 소원이 자신이 다니던 아그네스 스콧 대학과 같이 아담하고 아름다운 대학을 조국에 세우는 것이었고, 서울여대 설립에는 김필례의 철학과 건학 정신이 깊이 반영되었다는 점이다. 실제로 서울여대는 아담하고 아름다운 캠퍼스와 신입생부터 기숙사 생활을 하는 등 당시로서는 대단히 신선하고 서구적인 대학으로 주목을 받았다. 그와 동시에 김필례가 1950년 대한예수교장로회 여전도회 전국연합회 회장으로 피선되어 1958년까지 활동하면서 여전도회는 적극적인 후원을 하면서 오늘날까지 서울여대의 발전을 위해 물심양면으로 많은 협조를 해오고 있다.

서울여대의 설립 준비부터 개교에 이르기까지, 이에 더해 개교 이후 지속적인 발전에도 큰 역할을 담당한 김필례였지만 학장 자리는 선생의 외손녀뻘(김필례 둘째 오빠 윤오의 외손녀)인 고황경 박사가 맡게 되었다.

　선생은 가장 평범한 여성이 되기를 바라면서도 가장 비범한 교육적 결실을 우리에게 남겨주었다.

　세월이 흘러가면서 김필례 선생의 흔적은 조금씩 묻혀져 간 것 같다. 앞장서서 일을 성취하셨음에도 불구하고 열매는 다른 사람의 몫일 때 인간적으로는 견디기 힘든 일이다. 감내하기 어려워 인고의 눈물로 하나님 앞에 엎드렸을 것이다. 그런 인고의 삶 속에서 터득한 지혜가 모아져 다음과 같은 기도와 당부의 말씀을 할 수 있었을 것이다. 『대한예수교장로회 여전도회 창립 40주년 기념 회보』(1968)에 당부하신 내용을 요약해 본다.

　우선, 어떤 사업에 몸과 마음, 온갖 힘과 정성을 바쳤다면 바칠수록 이것이 내 기관이오, 내 사업이라는 착각을 일으키기 쉽지만 그 누가 맡아 해왔든지 내 사업도 그 누구의 사업도 아닌 하나님의 기관이고 하나님의 사업이라는 것을 명심하라는 것, 둘째 하나님의 종으로서 하나님이 임명하신 그 기간 동안 내 지식과 재능으로 내 명예를 위해 일할 것이 아니라, 항상 기도와 말씀 속에서 하나님의 지시와 뜻을 받아 최대의 활동과 봉사를 아끼지 말고, 셋째 나는 하나님 기관의 일꾼이라는 자각으로 죽도록 충성하며 온갖 정력을 기울일 때 반드시 하나님의 은총과 능력이 우리에게 크게 임하시게 될 것이라는 당부였다.

이 말은 역으로 헌신하고 온갖 정성 다했으니 내 기관이요 내 사업이라고 한 사람들, 모두 함께 봉사하고 힘을 모아 이루어 낸 일을 마치 자신이 잘나서 이룬 것으로 착각하거나 혹은 자신의 명예를 앞세우는 사람들에게 하고 싶었던 말이라 생각한다. 아니 감내하기 힘들어하는 자신에게 잘 이겨 낼 수 있도록 다독이면서 한 기도일 수도 있겠다.

그런 시련 속에서 선생이 기도하며 터득하신 것은, 바로 "내가 약한 자 같으나 강한 자가 될 것이며 미련한 자 같으나 지혜로운 자가 될 것"이라는 믿음과 용기를 북돋는 당부이다. 이 글을 쓰면서 조금 아쉬웠던 점은 1983년 김필례 선생이 돌아가신 해에 건축된 서울여대 대학원 건물의 이름이 고명우(고황경 박사 부친, 육이오전쟁 때 납북됨) 기념관으로 되어 있는 것을 보면서 든 생각이다. 대학의 건물에 사람 이름을 붙이는 경우 기증자나 학교 설립에 지대한 공이 있는 사람을 택하는 만큼 김필례라는 이름이 건물명으로나마 서울여대에 그 흔적이 남았더라면 좋았을 텐데, 하는 생각이 문득 스쳤다. 선생의 행적을 함께 밟아 오며 뭔가 허전하고 쓸쓸한 마음이 들었던 탓이겠다.

선생이 어려움을 겪으며 스스로 터득한 삶의 지혜이자 믿는 사람의 자세는 "인간이 자신의 약함을 절실히 느낄 때 하나님께서 가장 강하게 하시고 또 강하게 만든 그를 통하여 가장 큰 일을 성취하심"을 감사하며 영광을 돌려야 한다는 것이다. 평생을 통해 많은 일을 겪으면서 터득하게 된 소중한 경험과 기도에서 우러나온 소신이라 하겠다.

선생이 YWCA 창설에 애쓴 것도, 바로 암매한 우리 여성 사회를 깨우치고 발전시킬 수 있는 여성사회단체가 필요했기 때문이고, 수피아여학교·정신여학교를 위해 헌신하고 서울여대 건립을 위해 애쓴 것도 여성 교육의 중요성을 뼈저리게 느꼈던 결과이다. 이처럼 선생은 아는 것은 몸소 행동으로 옮겨야 하고 행동으로 연결되지 않은 앎은 앎이 아니라고 생각했다.

6

걸어온 길,
남겨진 자취

선생님은 민족을 위해 이 땅의 여성들을 위해
헌신하시며 많은 업적을 남기셨지만
어느 것도 본인의 것으로 생각하지 않으시고 내려놓으신
그 겸손의 마음을 깊이 마음에 새기며
후대들이 잊지 않고 이어가야 할 귀한 본을 보여 주셨습니다.

— 김진란 —
(정신여자고등학교 1966년 졸업,
김필례선생기념사업회 제5대 회장)

선생은 결혼과 함께 자신의 일을 접고 가정에 충실하고자 했다. 정신여학교에 근무 중 결혼을 하게 되자 사직하고 자연스럽게 시댁이 있는 광주로 내려갔다. 선생이 동경 유학을 가고 신여성으로 활동할 때도 나라와 믿음을 우선하는 자신의 길로 매진했다. 자신에 대한 믿음과 함께 자기 절제가 대단한 분이다. 그러면서도 가장 우선했던 부분은 결혼과 함께 시작되는 가정생활이었다. 선생은 당시 한국의 상황으로 볼 때 가장 최고의 교육을 받은 여성이요, 또 대단한 능력을 타고난 여성이었다. 학교 다니면서 두 번이나 월반한다거나, 피아노를 잘 쳐서 동경 유학 때 여자학원과 영화음악전문학교 두 군데를 동시에 다녔다거나, 영어에 능해서 통역과 문서 사역을 하고 미국으로 유학을 가는 것은 이십일 세기 현재, 오늘의 상황에서 볼 때도 쉽지 않은 드문 일이다. 그러면서도 어린 시절부터 믿고 의지해 온 기독교에서 배우고 터득한 겸손함과 신중함이 선생의 내면 세계를 풍요롭게 하면서 신앙과 소신을 굳건하게 했다. 집안과 가문, 능력을 앞세우거나 자랑하기보다는 전통을 중시하며 가정을 중시한 보기 드문 신여성이었다. 더구나 나라 형편이 무척 힘든 때였던 만큼 나라와 민족이 행동의 우선 기준이 되었고, 자신의 타고난 능력이 많았지만 그 이전에 남편에 대한 지극한 내조는 물론이고 시어머니를 비롯한 시댁에 대한 의무와 도리를 우선으로 하는 삶이었다. 무엇보다도 보수적이고 전통 중시 사회에 맞게 순응하는 개인의 삶과, 변화하는 시대와 사회의 요구에도 부합되는 이타적이고 종교적인 삶의 자세, 이 두 가지를 티를 내지 않으면서 병행, 추구했다. 평생의 소신인 배운 사람, 믿는 사람은 배운 만큼 믿는 만큼 달라야 한다는 삶은 참으로 완벽주의자의 고단한 삶이었다. 선생이 효부임은 여러 사람이 증언하고 있으니, 시어머니는 선생이 며느리라 아니하고 아들이라 했다거나, 병환이 났다고 연락 오면 곧 광주로 내려가서 응급치료를 해드리고 서울로 온다는 얘기, 부모 없는 조카들 공부시키고 학생들도 장학금을 소개하여 대학 진학을 시킨 일들이 부지기수였음은 많은 사람들이 증언하고 있다.

이러한 선생의 자세와 실천으로 이어진 생활은 당시로서는 여성 교육의 모범이 될 만한 삶이라 할 수 있었겠으나 참으로 인고와 이어진 고달픈 삶이었음을 부정할 수 없다. 그리고 이러한 일들을 여유가 있어서 한 것이 아니라 개인적으로 어려운 가운데 해나가셨다. 선생의 교장 사택이 비만

면할 수 있는 곳이어서 우선 손댈 데가 한두 군데 아닌데도 아랑곳하지 않고 학교 대강당부터 지으려 했던 일이나 학교와 여전도회에 대한 애정이 지극하여 월급을 받아도 집에 생활비 얼마 주고는 전부 장학금으로 지급하셨다는 얘기, 애들은 할머니가 교장인데 왜 우리는 이렇게 가난하느냐 했다는 며느님의 증언은 가족의 애로사항을 짐작케 한다. 이전에 연로하신 분들에게 내복을 선물하는 게 일반적일 때 본인의 내복은 기워 입으면서도 선물 받은 내복을 입지 않고 두었다가 찾아온 다른 사람들에게 주셨다는 일화는 차라리 사소한 일상에서 검소하고 정겨웠던 여느 사람들의 삶의 모습과 다르지 않다.

이렇게 공적인 일을 우선하고 검소한 일상은 교육자나 성직자에게 필요한 덕목이지만 세상의 모든 것에 길고 짧음이 있고 밝음과 어두움이 있듯이 선생의 엄격하고 보수적인 교육관은 보통 사람들, 특히 얽매이기를 싫어하는 사람들에게는 꽉 막히고 융통성이 없는 교육자로 비쳐졌을지도 모르겠다. 지나친 엄격함, 자신에 대한 철저함은 누군가에게는 불편한 존재, 때로 숨막히는 대상으로도 생각되었을 것이다.

하지만 그것은 김필례 선생을 한정된 시각으로만 본 때문일 것이다. 선생이 공적인 일을 추진하는 데 있어서는 대단히 엄격하고 카리스마가 강했다고 많은 사람들이 증언하고 있다. 그러나 이러한 엄격함도 따뜻하고 인자한 성품을 기반으로 해서 나온 것이라는 점 또한 많은 회고에서 보여 주고 있으니, 차가운 머리와 따뜻한 마음을 동시에 지닌 분이었다고 생각된다.

엄격한 카리스마와 인자한 어머니

　　김필례는 평생을 자기 절제와 기도를 통해 나라와 사회와 학교를 위해 안 되는 일은 부딪쳐 가며 되게 만들면서 살아왔다. 그러다 보니 자연스럽게 본인도 알게 모르게 몸에 밴 카리스마가 당연히 있었을 터, 함께 일하는 교사들에게 독재형 교장이라고 생각하게 했던 것 같다.

　「내가 아는 박희경 교장」에서 박희경 교장을 묘사한 대목이 나오는데, 여기에 상대적으로 선생의 강한 면이 드러나고 있다. 박 교장은 원만한 성격의 소유자로 그가 '반대한다'는 말을 들은 적이 없고 그저 웃는 얼굴로 묵묵부답이라는 말과 함께 "그러니 김필례같이 카리스마적인 독재형 교장 밑에서 그를 잘 보필했다고 본다. 어쩌면 그런 교장 밑에서 장기간 살아왔기에 그런 성격의 소유자가 되었는지도 모를 일이다. 그러나 나는 생각하기를 참 인내심이 강한, 오랜 학교생활 끝에 그렇게 훌륭한 성격을 지니게 된 사람이라 보아 그의 인격을 존경한다. 그러나 어떤 이들은 그의 이런 성격을 가

리켜 무능하다고 하는 사람도 없지 않았다. 천성은 매우 어진 분이었다"며 김필례, 박희경 두 분과 함께 학교생활을 하며 느낀 인상, 양면적인 부분까지도 솔직하게 밝히고 있다.

그러나 선생에게 그런 카리스마가 있었기에 1959년 당시로서는 상상하기도 어려운 일, 가령 등산반 여학생들을 남교사 인솔 하에 산에 따라가도록 허락하는 등의 일도 할 수 있었을 것이다. 그렇게 열린 자세로 학교 운영을 했는가 하면, 또 꽉 막힌 고집으로 교사와 학생들을 안타깝게 하기도 했다. 무용부에서 개교기념일에 〈백조의 호수〉 공연을 발표할 예정으로 당시(1956년) 새로 부임해 온 무용 교사 이혜석이 주야로 열심히 연습시켰는데, 막상 공연을 앞두고 출연자의 복장을 보고 노출이 너무 심하다고 공연을 못 하게 했다. 지도 교사와 학생 출연자 모두 울면서 탄원했으나 끝내 공연을 못 하게 되었다. 지금 생각하면 격세지감이 느껴지는 엄격함이다. 선생이 남다르게 현대 교육을 받고 외국 생활도 해서 열린 마음이 있으면서도 남녀 관계에서는 대단히 엄격하고 보수적이었던 면모를 볼 수 있는 부분이다. 비슷한 일화로 정신여중고 배구·농구 결승전을 앞두고 있을 때, 교장 김필례는 경기를 치르지 않기로 결정했는데 그 이유인즉, 경기가 주일인 일요일에 있었기 때문이다. 지금으로서는 이해하기 힘든 신앙인으로서의 원칙, 교리를 고수한 옛 일화라고 하겠다.

한때는 입학시험을 끝낸 후 합격자들 명단을 붓글씨로 방을 써서 붙였던 때가 있었다. 혹시 합격자 명단이 사전에 유출되지 못하도록 발표 전날 늦게 썼는데, 교장인 선생은 친히 앉으셔서 밤새도록 그 자리를 지키고 집에 돌아가지 않으셨다. 이렇듯 칠십 노인이 학교 대소사 전체를 직접 살피셨으니 그런 가운데 불만을 가진 사람들도 당연히 있었을 것이다.

그러나 엄한 반면 매우 따뜻한 정이 흐르는 분, 엄할 때는 무척 엄했으나 부드러운 때는 다정다감한 어머니 같은 분이었다. 『정신 백년사』에서 김필례 약전을 쓴 김광현은 "그는 판단력과 지도력을 겸비한 여성이었다. 우리 여성 지도자 중 김필례를 당할 인물을 내 평생 보지 못했다"고 회고한다.

정신여고 교장을 거쳐 여전도회 회장을 지내면서 서울여대 이사장을 오랫동안 역임한 이연옥은 김필례 선생을 평생 보필하며 그 뒤를 이어온 분이다. 그는 김필례 선생의 별명이 '호랑이 교장선생님'이었다고 회고한다. "아마도 학교 구성원 모두가 그분의 엄격하고 공정한 행정 업무를 경험하고 그분을 어려워하면서도 존경하였기에 그런 별명이 붙은 것 같다. 그러나 그분을 가까이서 뵈면서 다정다감한 분이라는 점을 알았다"고 했다. 김필례 교장선생님의 행정력은 항상 학생 한 사람 한 사람에게 지극한 관심으로 사랑을 베풀고 학교 건물 구석구석을 돌아보며 교정의 풀 한 포기까지 아끼고 돌보는 데서 비롯되었다. 소설가인 한 졸업생은 "어느 이슬이 자욱이 내리는 안개 낀 새벽"에 "발등을 덮는 긴 한복 차림의 선생님이 홀로 예배당 건물의 모퉁이를 붙들고 기도하시던 모습"이 뭉클함과 함께 잊혀지지 않는 평생 무언의 가르침이 되었음을 고백하고 있다. 며느리 이순빈 여사는 "공과 사가 분명하시면서도 가정에서는 잔정이 많고 장성한 아들의 식사까지 신경쓰신다. 그러나 참 엄하시다. 어찌 보면 가정생활도 학교생활의 연장 같고 훈육주임같이 엄격하시다"고 회고한다. 엄격한 면과 인자한 면을 함께 지닌 분, 학교를 자기 몸보다 더 사랑하셨다는 말은 선생을 가까이 모시며 잘 아는 모든 분들의 한결같은 증언이다.

김광현은 이십육 년 가까이 옆에서 보아 온 선생의 면모를 이렇게 묘사하고 있다.

> 그분은 어지신 어머님과 같이 생각되었으며 일거수일투족 하나같이 후진들에게 배울 만한 인격적인 신앙적 감화를 주셨다. 그는 근엄한 한국의 전통적인 모성상을 가지고 생활했으며 평생 한복을 즐겨 입으셨고 반석같은 신앙심의 소유자로서 학생들에게 임하셨다. 윤리적으로 도덕적으로 엄한 면을 항상 견지하셨고 여러 일화를 남기셨으며 예절이 분명하시고 대인 관계에 있어 엄한 면이 있는 반면에 부드러웠다. 그는 항상 교사를 부르실 때에 '000 선생님' 하고 호칭하였으며 물건을 주실 때도

반드시 두 손으로 건네주셨으며 인사범절에 있어 답례
시에도 두 손을 꼭 치마 앞에 모으시고 고개를 숙이셨다.
역사를 하신 분이라 역사적 위인들의 일화를 많이 인용
하시며 이야기를 잘 하셨고 유명한 말이나 글을 많이 외
우고 전하셨다.

떠나는 길

1960년 4·19혁명으로 불어닥친 민주화 바람과 1961년 5·16 군사정변 이후 군사정권이 들어서면서 사회 각 부문에 걸친 옛 악습을 일소한다는 기치 아래, 교육계의 비리 척결이라는 명분으로 선생은 교장직에서 물러나게 되었다. 5·16 군사정변 후 사회 정화 차원에서 교장을 한 사람이 오랫동안 연임하는 것을 금지하여 교장에서 물러났다는 말과 함께 『정신 백년사』에는 정신여학교가 보결생을 받았다는 이유였다고 명시하고 있다. 사실 당시 대부분의 학교가 보결생을 받고 있었고 그것은 재정 확보의 한 방안이었는데, 돈에 정확한 만큼 그 자료를 정직하게 보관하고 있다가 증거가 되었다는 사연이다. 뜻하지 않게 교장에서 물러나게 된 선생은 곧이어 정신학원 재단이사장으로 취임하게 된다. 교장 직에서 물러나는 만큼 그동안 쓰고 있던 사택을 비우고 안암동으로 이사*했다.

---

* 미국에 살고 있는 졸업생 방영자(47회, 1960년 졸업)는 김필례 선생이 오랫

평생 앞에 놓인 난관의 고비마다 강한 추진력과 살아 오면서 쌓아 온 인간관계의 도움과 기도를 통해 이겨 내면서 정신여학교를 장로교 최초의 명문 사학으로 재건해 놓았으면서도 시국이 시국인지라 본의 아니게 교장 직에서 물러나게 된 것이다. 이후 1963년부터 십 년간 정신학원 이사장을 하면서 1972년부터 김옥선 등 이사진들의 이전투구와 동창회의 분열로 큰 곤욕을 치르게 된다. 이미 연세도 여든이 넘은 노인네라 무력하다고 생각한 것일까, 또다시 그 열매를 가로채려는 이들로 인해 학교에서 물러나야 하는 고난도 당한다. 가장 가깝다고 생각한 사람들이 등을 돌리는 배신의 아픔 속에서 인간에 대한 실망과 함께 인간적인 모멸을 느낄 정도의 수모를 당하기도 했다. 하지만 사람의 진면목은 이런 때 드러나는 법이다.

선생은 어디에서든, 대상이 누구든, 분명한 선한 목표를 이루기 위해서는 용감했다. 도전하고 그리고 극복해 나갔다. 그러나 조금이라도 오해나 분쟁의 불씨가 되겠다고 생각하면 싸우기보다 양보를, 나를 내세우기보다 한 발짝 물러서는 용기와 지혜를 택했다. 그리고 묵묵히 최선을 다해

동안 학교 뒤뜰 넓은 사택에서 사셨고, 과학관을 지으면서 을지로로 이사를 가셨는데, 얼마 후 안암동으로 이사(성북구 안암동 5가 103-148)한 후부터 눈에 띄게 야위었다고 회고한다. 늠름하고 큰 키에 위엄이 있었던 선생이 키도 작아 보였다고 하니, 말년에 정신여학교 이사진, 교사, 동창회의 내분으로 인해 마음고생을 한 탓으로 보인다. 이후 개나리 아파트로 다시 이사, 그곳에서 생을 마감했다.

감내했다.

이기서 교수가 당시 박사 논문 준비에 쫓기고 있던 상황에서도 선생의 구술을 기록하겠다고 한 이유는 선생의 간곡한 부탁 때문만은 아니었다. 간곡한 부탁 이전에 "선생님에 대한 존경의 마음이 컸고 또 한 생애를 진실하게 숨어서 행동에 옮긴 이 드문 실천적 교육자의 기록을 지금 남겨두지 않는다면 아무도 모르게 영원히 묻혀 버리고 말 것이라는 우려가 더 컸"기 때문이다. 1977년 안암동 댁으로 선생님을 찾아뵐 때마다 "선생님은 한복을 곱게 입으시고, 앞에는 내가 말씀을 받아 적을 수 있도록 작은 상을 펴놓으신 채 꼿꼿하게 앉아 계셨다. 작은 상 위에는 차를 정갈하게 준비해 놓으시고 내가 앉을 자리에는 방석을 놓아 두셨다. 이렇듯 아흔 노령의 선생님은 한 치의 빈틈 없이 만반의 준비를 갖추고 나를 기다리고 계셨"다고 했다.*

그리고 써간 원고를 검토하면서 "조금이라도 과장이 섞이는 것을 매우 싫어하셨다. 선생님이 직접 생애를 글로 남기기로 결심하신 데에는, 사정을 잘 모르는 사람들이 자칫 선생님의 생애를 과장하지 않도록 미리 점검하고 싶으셨던 마음이 가장 크게 작용하지 않았을까 싶다"고 한 부분에서는 삶에 대한 선생의 냉철한 자세를 엿볼 수 있다. 나아가,

---

* 이때쯤에는 경제적으로도 넉넉하지 않아서 서재현(김구례, 서병호의 아들이자 서경석 목사의 부친) 가족이 노후에 도움을 주었다는 증언이 있다.

마음 저 밑바닥에 굳이 밝히고 싶지 않은 일들이나 혹여 상처를 받을 수 있는 사람들을 고려한 마음도 있을 수 있다. 또 소문이나 오해 등으로 이어지는 유쾌하지 않은 이야기들이 의도와 다르게 확대재생산되는 것을 염려하는 마음도 있었을 것이다.

나는 1977년 6월 16일부터 한 달 넘는 기간 동안 선생님을 찾아뵙고 녹음과 메모를 작성한 다음 원고가 정리되는 대로 선생님께 가져다 드리곤 했다. 선생님은 녹음하지 말라고 하셨지만 도저히 메모만으로 방대한 내용을 다 정리할 수 없었던 나는 녹음을 할 수밖에 없었다. 선생님은 녹음하는 줄 아시면서도 모르시는 척 덮어 주셨던 듯싶다. 그렇게 선생님의 감수를 받으며 원고를 마무리하기까지 육 개월 남짓 걸렸던 것으로 기억한다. 원고는 이렇게 비교적 단기간에 완성되었으나 이후 간행 작업이 순조롭지 않아 선생님 생전에 이 책을 보지 못하신 일은 깊은 아쉬움으로 남아 있다.

그 사이에 1975년 동경의 여자학원에서는 개교 백 주년을 맞으면서 여자학원 백 년 동안 학교를 빛낸 인물들을 화보*

* 이송죽 편집위원장이 '이팔독립선언 백 주년 기념식'에 참석하면서 동경의 여자학원에 가서(2019.2.8) 당시 관련된 자료와 사진을 구하고자 했으나, 그동안 학교에 일어난 두 차례의 화재로 소실된 자료가 많아 화보 등 원하던 자료를 구하지는 못했다.

로 제작했는데 여기에 선생과 김마리아를 선정했고, 1978년 아그네스 스콧 대학에서는 졸업 오십 주년을 맞아 선생이야 말로 아그네스 스콧 대학의 교육 이념을 완벽하게 구현한 사람, 선생의 영광이 곧 아그네스 스콧의 영광이라며 널리 소개했다. 선생은 졸업 오십 주년 맞이 보고서를 쓰면서 자신이 해온 일을 구체적으로 열거하고 졸업생들이 해마다 십 달러씩 학교에 보내는 일을 이런 일들을 하느라고 한 번도 실행하지 못해 미안하다는 뜻을 덧붙였다. 아그네스 스콧 대학 동창들은 그동안 선생이 내지 못했던 기부금 오십 년치를 모금해서 대신 내주었고, 많이 걷혀 남은 돈은 정신여학교를 위해 쓸 수 있도록 보내 주었다.

1978년 정신여자중·고등학교는 인구 분산 정책에 따라 시내 종로5가 연지동에서 잠실로 이전한다. 선생은 바깥출입이 어려워 옮긴 학교에는 결국 가보지 못한 채 1983년 아흔두 살에 하나님 곁으로 떠났다.

정신여자중·고등학교장으로 행한 영결 예배는 연동교회에서 거행되었다. 교목 김천수 목사의 사회, 중학교 이상학 교장의 기도, 정신여고 합창단의 조가 합창, 유호준 목사의 설교, 고등학교 이동욱 교장의 약력 소개 등의 순서로 진행되었고 경기도 양주시 장흥에 있는 가족묘 신세계공원 묘원에 안장되었다.

정신여자중·고등학교가 현재 잠실 교사로 이전하기 직전, 정든 연지동 교정을 마지막
으로 찾아 역사적인 홰나무를 잡고 기도하는 김필례. 1978.5.14.

2019년 김필례선생기념사업회에서 기념문집 『김필례, 그
를 읽고 기억하다』를 열화당에서 발간했고, 2021년 정부는
선생님에게 '독립유공자 건국포장'을 추서했다.

고 김필례 선생 영결식 장례예배. 연동교회. 1983.8.1.

고 김필례 선생 영결식장 입구. 정신여자중고등학교 정문. 1983.8.1.

김필례기념관(정신여자중고등학교 다목적교육관, 도서관), 2013.12. 준공.

참고문헌

단행본, 논문

광주YWCA70년사편찬위원회, 『광주YWCA 70년사』, 광주YWCA, 1992.

김마리아기념사업회, 『신문으로 보는 김마리아』, 한국장로교출판사, 2014.

김필례선생기념사업회, 『김필례 그를 읽고 기억하다』, 열화당 영혼도서관, 2019.

김영모, 「지식 지배층의 사회적 성격」, 『조선지배층 연구』, 일조각, 1989; 최혜실, 『신여성들은 무엇을 꿈꾸었는가』, 생각의 나무, 2000년, 재인용.

김영삼, 『정신 75년사』, 계문출판사, 1962.

김주용, 「김필순의 생애와 독립운동」, 『세브란스병원의학교 초기 졸업생들의 독립운동』, 제중원 개원 133주년 기념 학술 심포지엄, 연세대 의대, 2018.

김필례, 『성교육』, 조선야소교서회, 1935.

김필례, 「이상을 향하여 다름질쳤던 격동의 시대」, 『회상의 학창 시절 : 여류 21인집』, 신서출판사, 1973.

Mary Lucy Dodson(도마리아) 저, 양국주 편저, 『도마리아, 조선에 길을 묻다』, 서빙더피플, 2015.

박규원, 「나의 할아버지를 찾아서」, 『세브란스 병원의학교 초기 졸업생들의 독립운동』, 제중원 개원 133주년 기념 학술 심포지엄, 연세대 의대, 2018; 「김필순 일가의 이야기」, 『연세의사학』 21권 1호, 2018.

박용옥, 『김마리아: 나는 대한의 독립과 결혼하였다』, 홍성사, 2003.

박혜경, 「김필례 선생 연구: 페미니즘 교육 형성을 중심으로」, 김필례선생 리더십 연구 발표회 자료집, 김필례선생기념사업회, 2013.

박화성, 『눈보라의 운하』(박화성 문학전집 14), 푸른사상, 2004.

백낙준, 『한국개신교사』, 연세대 출판부, 1979.

서경조, 『신학지남』 제7권 4호, 1925.10.; 정운형, 「박서양의 간도 이주와 활동」, 『세브란스병원의학교 초기 졸업생들의 독립운동』, 제중원 개원 133주년 기념 학술 심포지엄, 연세대 의대, 2018, 재인용.

서울여자대학교 50년사 편찬위원회, 『서울여자대학교 50년사: 1961-2011』, 2012.

양국주, 『그대 행복한가요?』, 서빙더피플, 2016.

양국주, 『여전도회: 하나님의 나팔수』 서빙더피플, 2016.

윤경로, 「기독교인으로서의 우사 김규식」, 『한국 근현대사의 성찰과 고백』, 한성대 출판부, 2008.

윤치호 저, 박미경 역, 『국역 윤치호 영문일기』 6, 국사편찬위원회, 2015.

이기서, 『교육의 길 신앙의 길 : 김필례 그 사랑과 실천』, 태광문화사, 1988 (북산책, 2012. 재발간)

이명화, 『김규식의 생애와 민족운동』(독립운동가 열전 7), 독립기념관 부설 한국독립운동사연구소, 1992.

이방원, 「독립투사 이면의 인간 김마리아」, 『당신을 잊지 않았습니다: 대한독립의 별 '김마리아' 기념 학술세미나』 자료집, 김현아의원실·김마리아기념사업회, 2018.

이연옥 지음, 『여전도회학』, 쿰란출판사, 1993.

이영미, 『못(母)된 감상기, 나혜석』, 북페리타, 2014.

이배용, 『한국광업침탈사 연구』, 일조각, 1989.

정신백년사출판위원회, 『정신 백년사』, 정신여자중고등학교, 1989.

정영목, 『조선을 찾은 서양의 세 여인: 시선에 갇힌 진실』, 서울대
학교출판문화원, 2013.

하은주·김선영 공저, 『여성해방의 선구자 유각경』, 명미디어,
2016.

한국교회사학회, 『내게 천개의 목숨이 있다면 1 : 양화진 선교사들
의 삶과 선교』, 한국장로교출판사, 2014.

Harold Voelkel, *Open Door to Korea, Grand Rapids*, Michigan:
Zondervan Publishing House, 1958.

신문, 잡지, 기타

『국민일보』, 2019. 3. 21.

『대한매일신보』, 1907. 8. 4.

『대한예수교장로회 여전도대회 창립 40주년 기념 회보』, 1968. 8.

『동아일보』, 1926. 12. 14.

양현혜, 「김마리아가 여성 독립운동가로 성장할 수 있었던 3가지
이유」, 『크리스천 투데이』, 2019. 4. 24.

이정숙, 「삶을 역사에 '올인'한 사람들—조선희의 세 여자」, 『소설
시대』 21호, 2018. 11.

「인생 증언 2 : 믿음과 봉사의 세월 80년. YWCA에 여성교육에
앞장서온 김필례(81) 여사」, 『주간 여성』 205호, 1972. 12.10.

『정신』(교지) 7, 1957.

『조선일보』, 2018. 10. 1.

최은희, 「애국여성약전 김마리아(2)」, 『조선일보』, 1957. 5. 16.

「한국기독역사여행 :교회서 성장한 혁명음악 작곡가, 중국의 별
되다」, 『국민일보』, 2018. 11. 30.

「한국의 여걸 김필례」, 『한국 신앙 위인 30인의 발자취』 9, 네이버 산마을 블로그, 2018. 8. 16.

1950년 10월 22일 유화례 선교사가 보낸 편지글

PCUS 부인조력회 발간, Women's work in Our Church abroad, 「한국으로부터 온 소식」, 1961.

쉼 없는 열정

초판 1쇄 찍은날 2024년 7월 8일
초판 1쇄 펴낸날 2024년 7월 10일

지은이 이정숙

펴낸이 최윤정
펴낸곳 도서출판 나무와숲 | 등록 2001-000095
주 소 서울특별시 송파구 올림픽로 336 910호(방이동, 대우유토피아빌딩)
전 화 02-3474-1114 | 팩스 02-3474-1113
e-mail : namuwasup@namuwasup.com

ISBN   979-11-93950-06-7   03990